図解 箱根駅伝

HAKONE EKIDEN: The Visual Guide

野神明人 著

新紀元社

はじめに

　箱根駅伝は、不思議な魅力に溢れたスポーツイベントです。まず、駅伝という日本人の精神性を強く反映している、日本発祥の競技であること。東海道～箱根路という、日本の大動脈を舞台としていること。学生スポーツであり、しかも関東ローカルな大会にもかかわらず、その人気は日本でも屈指。毎年100万人に及ぶ人が沿道で観戦し、30％に迫る高視聴率をキープしているのは、驚くべきことです。そしてもうすぐ100年に届こうかという歴史を積み上げながら、人気は今もなお衰えることを知りません。もはや日本のお正月に欠かせない風物詩でもあります。

　僕らが箱根駅伝に惹かれるのは、そこに単なるアスリートスポーツの枠では収まりきれない、人間ドラマが詰まっているからでしょう。それも若者の貴重な4年間の結晶が散りばめられた、上質の青春ドラマをそこに見出すことができるのです。それは自らがアスリートである人、母校が出場している人はもちろんのこと、たとえ普段はスポーツと縁が薄い人であっても、いつの間にか共感し惹き込まれてしまう魅力を備えています。

　本書では、箱根駅伝にまつわる記録や歴史、ルールや変遷など、知っておくと観戦に幅が出るような項目を取り上げています。いわば観戦の手引き書ですが、単なるスポーツ観戦好きに過ぎない筆者がその執筆という重責を担うことに、正直いささかの躊躇もありました。しかし箱根駅伝が、伝統と仲間がつないだタスキで成り立ってきたように、幾多の先達が残された貴重な資料や名文を自分なりに受け取って咀嚼し、自らに託された区間をひた走るようにしてフィニッシュラインにたどり着くことができました。この1冊が次世代の熱心な箱根駅伝サポーターに渡すタスキとなれば本望です。同時にこれまで箱根駅伝の歴史を紡いでこられた方々、その有り様を記録し伝えてこられた先達諸兄に、深く御礼を申し上げる次第です。

　なお、本書に使用したデータ等は、2016年の第92回大会終了現在までのもので、一部第93回予選会の結果を反映しています。

野神明人

目次

第1章 箱根駅伝を彩る人間ドラマ 7

- No.001 なぜ、人々は箱根駅伝に熱狂するのか？ 8
- No.002 「花の2区」はなぜエース区間なのか？ 10
- No.003 ライバル校のエース同士が魅せた名勝負 12
- No.004 駅伝の醍醐味・ごぼう抜き ― 14
- No.005 スタートダッシュで流れをつかむ 16
- No.006 天下の険に君臨する「山の神」 18
- No.007 ハイスピードが魅力な山下りバトル 20
- No.008 最後までもつれた優勝争い ― 22
- No.009 フィニッシュ前の熾烈なデッドヒート 24
- No.010 無念の大ブレーキと途中棄権 26
- No.011 失意からの再起を果たした選手たち 28
- No.012 総合タイムの変遷でわかる高速化の歩み 30
- No.013 意外に少ない親子鷹選手 ― 32
- No.014 華を添える兄弟・双子選手の活躍 34
- No.015 箱根から世界に羽ばたいたランナーたち 36
- No.016 アフリカからやってきた留学生の衝撃 38
- No.017 黎明期に起こった珍事件 ― 40
- コラム1 箱根の山に君臨したレジェンドたち 42

第2章 箱根駅伝の基礎知識 43

- No.018 日本で生まれた駅伝競走 ― 44
- No.019 箱根駅伝の生みの親・金栗四三 46
- No.020 マラソン強化のために生まれた箱根駅伝 48
- No.021 箱根駅伝とはどんなレース？ 50
- No.022 箱根駅伝に出場できる大学は？ 52
- No.023 箱根駅伝に出場できる選手は？ 54
- No.024 3つの勝利がある箱根駅伝 ― 56
- No.025 個人記録と区間賞・区間新 ― 58
- No.026 タスキが途切れる繰り上げスタート 60
- No.027 見た目の順位と異なる復路のタイム計算 62
- No.028 シード校制度でレースの面白さが倍増 64
- No.029 予選会とはどんな大会？ ― 66
- No.030 箱根駅伝の歴史①黎明期1920〜1929 68
- No.031 箱根駅伝の歴史②戦前戦中期1930〜1943 70
- No.032 箱根駅伝の歴史③戦後復興期1947〜1964 72
- No.033 箱根駅伝の歴史④高度成長期1965〜1985 74
- No.034 箱根駅伝の歴史⑤テレビ中継期1986〜2002 76
- No.035 箱根駅伝の歴史⑥拡大改革期2003〜2016 78
- No.036 人気上昇とともに増加した参加チーム 80
- No.037 伝統校とは？ ― 82
- No.038 歴代出場校の出場回数と連続出場記録 84
- No.039 黄金期を築いた強豪校たち ― 86
- No.040 簡単ではない完全優勝 ― 88
- No.041 混戦から生まれた珍記録 ― 90
- No.042 関東学生連合チームとは？ ― 92
- No.043 途中棄権したら記録はどうなる？ 94
- No.044 チームカラーとユニフォーム 96
- No.045 タスキに込められた想いとは？ 98
- コラム2 戦争が箱根駅伝に落とした暗い影 100

第3章 箱根駅伝のコースと見どころ 101

- No.046 2017年(第93回)箱根駅伝全コース 102
- No.047 箱根駅伝のコース変遷 ― 104
- No.048 フラット中心のスピードコース・1区 106
- No.049 1区のレース戦略と記録の変遷 108
- No.050 3度の上り坂が選手を苦しめる、花の2区 110
- No.051 2区のレース戦略と記録の変遷 112
- No.052 後半の海風の有無が鍵となる3区 114
- No.053 3区のレース戦略と記録の変遷 116
- No.054 2017年から距離が延びた4区 118
- No.055 4区のレース戦略と記録の変遷 120
- No.056 箱根の厳しい山登りで強さを競う5区 122
- No.057 5区のレース戦略と記録の変遷 124
- No.058 山下りのスペシャリストが駆け下る6区 126
- No.059 6区のレース戦略と記録の変遷 128

目次

No.060	細かいアップダウンが連続する7区 130
No.061	7区のレース戦略と記録の変遷 132
No.062	後半の遊行寺の坂がポイントの8区 134
No.063	8区のレース戦略と記録の変遷失 136
No.064	逆転劇も多い復路のエース区間・9区 138
No.065	9区のレース戦略と記録の変遷失 140
No.066	総合優勝の歓喜にわく大手町・10区 142
No.067	10区のレース戦略と記録の変遷 144
No.068	頻繁に変わったスタート/フィニッシュ地点 146
No.069	ドラマが生まれる中継所 148
No.070	レース展開を左右する気象条件 150
コラム3 踏切待ちのタイムラグが選手を悩ます 152

第4章 大会を支える人々と環境 153

No.071	箱根駅伝の歴史に輝く名将の系譜 154
No.072	21世紀を彩った3強を率いる名監督 156
No.073	強豪チームには有能な主務が欠かせない 158
No.074	時代とともに移り変わった伴走車の歴史 160
No.075	レース中の給水ルール 162
No.076	歴史ある関東学生陸上競技連盟 164
No.077	箱根駅伝当日のスタッフは？ 166
No.078	交通規制と警備体制 168
No.079	駅伝の名物、先導する白バイの雄姿 170
No.080	箱根駅伝を支える新聞社 172
No.081	箱根駅伝を全国区にしたラジオ実況中継 174
No.082	不可能を克服したテレビ実況中継 176
No.083	箱根駅伝の人気を決定づけたテレビ中継 178
No.084	箱根を目指す選手の生活とトレーニング 180
No.085	駅伝選手の1年間のスケジュール 182
No.086	チーム戦略と選手のオーダー 184
No.087	箱根駅伝選手の出身高校は？ 186
No.088	箱根出場の選手の未来は？ 188
コラム4 1回だけ出場を果たした大学 190

第5章 箱根駅伝観戦ガイド 191

No.089	現地応援派？ それとも炬燵派？ 192
No.090	ディープに観戦するための情報収集 194
No.091	コース周辺ガイド① 1区＆10区 196
No.092	コース周辺ガイド② 2区＆9区 198
No.093	コース周辺ガイド③ 3区＆8区 200
No.094	コース周辺ガイド④ 4区＆7区 202
No.095	コース周辺ガイド⑤ 5区＆6区 204
No.096	ジモティファンの現地観戦スタイル 206
No.097	現地観戦でコースに現れる隊列は？ 208
No.098	沿道の応援イベントを楽しむ 210
No.099	もし母校が出場しているなら…？ 212
No.100	箱根の宿は1年前に埋まる？ 214
No.101	箱根駅伝ハシゴ観戦は可能か？ 216

索引 ———— 218
参考文献 ———— 223

第1章
箱根駅伝を彩る人間ドラマ

No.001
なぜ、人々は箱根駅伝に熱狂するのか？

1月の2日と3日に行われる箱根駅伝は、単なるスポーツイベントではない。人々を熱狂させるディープな魅力にあふれたコンテンツなのだ。

●学生駅伝という特殊性が生み出す、唯一無二のディープな魅力

　箱根駅伝（正式名称・東京箱根間往復大学駅伝競走）は、関東学生陸上競技連盟に加盟する大学生による駅伝大会だ。ある意味、関東ローカルの学生大会に過ぎないのだが、毎年沿道には熱狂的な多くのファンが押し寄せ熱狂的な声援を送り、2日間12時間余りのテレビの実況中継は平均視聴率が30％に迫る人気を誇る。そこには様々な理由がある。

　まず、駅伝という日本発祥のロードレースには、ランナーの個の力とチーム戦略という2つの要素が絡みあうこと。1本のタスキが1チーム10人の選手をつなぐことで、通常のロードレースにはない様々なドラマが生まれてくる。ごぼう抜きやレース後半での大逆転などは、個人競技ではなかなか見られない駅伝ならではの醍醐味だ。

　そして選手たちにとっても、箱根駅伝を走ることは大きな憧れであり、そこに出られたこと自体がプライドとなる。個々には箱根に至るサイドストーリーがあり、人々はそこにも興味をいだき、称賛し、時には涙する。勝者にはもちろん、力尽きた敗者にさえも、称賛の拍手を惜しまない。

　1920年に始まりすでに92回を数えた大会は、学生のレースであるがために、毎年同じチームにはなりえない。初期から参加する伝統校がある一方で、常に新たな魅力を備えた新鋭校が登場し、新しい風を吹き込み続ける。

　また、首都東京の中心から、東海道をたどり景勝地・箱根を結ぶコースも魅力だ。平坦路のハイスピード区間から、アップダウンが激しい戦略性の強い区間、そして箱根の上り・下りといった特殊な区間まで変化に富む。全長200km超の長丁場とはいえ、観るものを飽きさせない。

　学生駅伝という特殊性、そして歴史とそれを踏み台に生まれる若者たちのドラマの数々。箱根駅伝は、人々を熱狂させる宝の詰まった玉手箱だ。

箱根駅伝の魅力

箱根駅伝の３つの魅力

その1
チームと個の魅力

その2
コースの魅力

その3
熱狂的なファンの魅力

テレビ中継の平均視聴率は30％に迫る！

さらに…
- 92回を数える長い歴史
- 毎年変わるチーム

箱根駅伝の魅力は唯一無二！

関連項目
- 箱根駅伝とはどんなレース？→No.021
- 箱根駅伝の人気を決定づけたテレビ中継→No.083

No.002
「花の2区」はなぜエース区間なのか?

鶴見中継所から戸塚中継所までの23.1kmを走る往路2区は、各校のエースが多く参戦することから「花の2区」と呼ばれるタフなコースだ。

●次世代の陸上界を担うエースが鍔迫り合いを繰り広げる醍醐味

　往路2区に各校のエースが投入され「花の2区」と呼ばれるようになったのは、1961年の37回大会から。国道1号線バイパスである戸塚道路を走るようになり最長区間となって以降(2006年以降は5区が最長区間)のこと。ただし、「花の2区」と呼ばれる理由は、単に距離が長いからだけではない。

　まず、途中に急な上りのある2か所の坂があり、特に名物・権太坂は、満を持してスパートを仕掛けるなど、レースを左右するポイントとなる。

　さらに最後の戸塚中継所直前にも長い上りがあり、22kmを走って消耗した選手に、真の力が試される難所として立ちはだかる。

　そこを勝ち抜くために各チームは、持久力とスピード、そしてラストの坂で最後の力を振り絞ることができる強いランナーを2区走者に投入する。彼らは、次代の長距離選手として期待される陸上界のスター候補たちであり、当然ながら各校のエース格のランナーだ。のちに日本を代表するマラソンランナーとなった早稲田の瀬古俊彦を筆頭に、圧倒的なスピードを持つ留学生ランナーなど、記憶にも記録にも残る選手たちが名を連ねてきた。

　加えて、直前の1区では各校の時間差がつきにくく、せいぜい数分。時には選手が団子状態で鶴見中継所に飛び込んでくる。そのため、2区では選手が直接しのぎを削る混戦が繰り広げられる。先行するチームも、追いかけるチームも気は抜けない。事実、ライバル同士のデッドヒートなど、駅伝ファンを魅了する見ごたえのあるドラマが2区では生まれてきた。ごぼう抜き記録の多くが2区で作られ、一方で記憶に残るような大ブレーキも起こりやすいなど、順位の入れ替わりがもっとも激しい区間だ。

　期待のスター選手たちが鍔迫り合いを見せる様は、多くの駅伝ファンを熱狂させ、いつしか「花の2区」という言葉が定着したのだ。

花の2区のゆえん

花の2区とは？

各校のエースが投入される区間のためにそう呼ばれるようになった。

2区は…
距離が長い！＆アップダウンが激しく難しい！

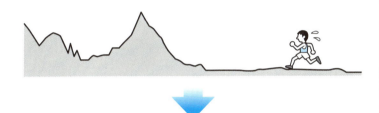

スピードと持久力を兼ね備えたエースが必要！

1区では差がつかず団子状態でスタート！

名ドラマの発生確率UP！

ごぼう抜き　　デッドヒート　　大ブレーキ

関連項目
- ライバル校のエース同士が魅せた名勝負→No.003
- 駅伝の醍醐味・ごぼう抜き→No.004
- 3度の上り坂が選手を苦しめる、花の2区→No.050
- 2区のレース戦略と記録の変遷→No.051

No.003
ライバル校のエース同士が魅せた名勝負

箱根駅伝の歴史には数々のライバル対決が刻まれている。中でも1993～1995年の早稲田大学と山梨学院大学の死闘は、今も語り継がれる。

●同学年のライバルがぶつかった「花の2区」の激闘

　1993年の第69回大会で、伝統校・早稲田大学の復活を託された瀬古俊彦コーチが2区を任せたのが、陸上長距離界のホープとして期待されていた1年生の渡辺康幸だった。一方、前年度の覇者・山梨学院大学は、1年生の留学生ランナー、ステファン・マヤカを2区に投入する。1区でトップに立った早稲田は、続く渡辺も快走しトップをキープ。そのまま独走して往路優勝を果たし念願の総合優勝をもぎ取った。マヤカは渡辺に22秒差をつけ区間賞を獲得するが、チームは往路復路ともに2位に甘んじた。

　この同学年のライバル対決はその後も続く。翌年は渡辺が1区、マヤカが2区と直接対決にはならなかったが、ともに区間新を記録。2区でマヤカがトップを奪った後は、山梨学院大学が首位を譲らず、雪辱を果たした。

　そして3年目、再び2区で両選手の直接対決となった1995年は、トップでタスキを受けたマヤカを、2分1秒差9位から渡辺が追い上げる展開となった。区間新記録となる1時間7分20秒の快走を見せトップを堅持したマヤカ。しかし渡辺はそれを上回る1時間6分48秒の猛追を見せ、チームを2位に押し上げた。軽やかに逃げる新鋭校の留学生エース、それをさらなる猛スピードで差を詰める伝統校の日本人エース。その2人の走りは、沿道やお茶の間のファンを熱狂の渦に巻き込んだのだ。その後、早稲田大学の勢いは衰えず、3区の小林正幹が区間新でトップを奪取し往路優勝を飾る。しかし復路では山梨学院大学が再逆転し、2年連続3回目の総合優勝を飾った。

　この3年間は山梨学院大学と早稲田大学の2強時代で、その象徴が花の2区対決であった。こうしたライバル対決は箱根駅伝の歴史の中でたびたび発生し、チーム戦略や駆け引きという縦糸と、同学年エース同士の意地のぶつかり合いという横糸が編みこまれ幾多のドラマを生み出してきた。

3年ごしの名勝負

ライバル対決が勝負をアツくする！

新鋭校の留学生エース
ステファン・マヤカ／山梨学院

伝統校の日本人エース
渡辺康幸／早稲田

1993年・第69回
2区：区間賞　　2区：1位をキープ
優勝：往路／早稲田　総合／早稲田

1994年・第70回
2区：区間賞　　1区：区間新
優勝：往路／山梨学院　総合／山梨学院

1995年・第71回

区間新！
1時間7分20秒
マヤカ

さらに区間新！
1時間6分48秒
渡辺

差を縮めるもトップは奪えず…
優勝：往路／早稲田　総合／山梨学院

関連項目
- 「花の2区」はなぜエース区間なのか？→No.002
- 箱根駅伝の歴史⑤テレビ中継期→No.034
- アフリカからやってきた留学生の衝撃→No.016

No.004
駅伝の醍醐味・ごぼう抜き

前走者を次々抜き去り、ファンも熱狂する"ごぼう抜き"だが、たとえ最強ランナーであっても運が伴わないと記録達成はかなわない。

●必ずしも最速の証ではない、ごぼう抜き記録

　前を行く選手を次々と抜き去る"ごぼう抜き"。野菜の牛蒡の収穫で一気に引き抜くことからこう呼ぶが、箱根駅伝でのごぼう抜き記録は、2009年(第85回)2区で日本大学のキダウ・ダニエルが記録した20人抜き。次ぐのが2011年(第87回)2区で東海大学・村澤明伸が見せた17人抜きだ。

　ごぼう抜き記録は、選手に力があるだけでなく、様々な条件が整わないと生まれない。つまりタスキを受けたときに、自分の前、しかも追い抜ける時間差で多くの選手がいないと達成は不可能。そのため、ごぼう抜き記録の多くはタイム差がまだあまりついていない2区で記録されている。

　例えばキダウ・ダニエルが記録を作った年は、第85回の記念大会であり参加チームが23校と例年より多かった。さらに1区が大混戦で、鶴見中継所で彼が22番目にタスキを受けたときに、トップとの差が1分46秒しかなかったという条件が重なって達成された記録だった。しかし、実はこのときダニエルは区間2位のタイムだったのだ。

　彼より1分も早い1時間6分4秒の区間新記録で快走を見せたのが、山梨学院大学のメクボ・ジョブ・モグスだ。4位でタスキを受けたため3人抜きにしかならなかったが、戸塚中継所にはダニエルに先行すること2分20秒差のトップで飛び込んでいる。つまりごぼう抜きの最高記録を作ったダニエルは、20人もの選手を追い抜きながら、モグスに引き離されていたわけだ。

　もちろんダニエルも、翌年には2区区間賞を獲得した好選手。また17人抜きの村澤や、3区で13人抜きを記録した東海大学の佐藤悠基、5区で11人抜きの記録を持つ順天堂大学の今井正人などは、記録にふさわしい強いランナーとして記憶されている。ごぼう抜きは必ずしも最強ランナーの証とは限らないが、強いランナーでなくてはなし得ないのも確かなのだ。

ごぼう抜きの条件と記録

意外と難しいごぼう抜き

ごぼう抜きの条件

① タスキを遅い順位で受け取る！
② 前走者とのタイム差が少ない！
③ もちろん実力は必須！

歴代ごぼう抜き記録

1位 **キダウ・ダニエル**
日本・2009年・2区
23位→2位/区間2位
 20人

2位 **村澤明伸**
東海・2011年・2区
20位→3位/区間賞
  17人

3位 **中川拓郎**
順天堂・2003年・2区
18位→4位/区間4位
  15人

キダウ・ダニエル
日本・2008年・2区
19位→4位/区間2位

関連項目
● 「花の2区」はなぜエース区間なのか？→No.002　● アフリカからやってきた留学生の衝撃→No.016

No.005
スタートダッシュで流れをつかむ

華やかにスタートを切る1区は、タイム差はつきにくいものの、チームのムードを作る区間。次世代のエース候補が起用されることが多い。

●注目の若手が起用されることが多い1区

　1月2日の朝、緊張感とワクワクするような期待が入り混じる中で、大手町を一斉スタートする往路1区。しかし華々しい舞台ながら、チームのエースがここに投入されることは少ない。

　その理由としては、まずコースがほぼ平坦で距離も21.3kmと、比較的短いことがある。選手によほどのトラブルが生じない限りは、タイム差がつきにくいコースで、先頭ランナーが2位以下に1分以上の差をつけることはまれ。時には多くの選手が団子状態で鶴見中継所に飛び込んでくることもある。一方、往路の中でもアップダウンが激しい2区や山登りの5区はタイム差がつきやすいため、多くのチームはこちらにエースを温存する。仮に1区でタイムを落としても、その後の区間で挽回が可能だからだ。

　だからといって、1区が軽視されているわけではない。スタートダッシュを決めチームに勢いをつける役割はタイム差以上に大きいからだ。そこで1区には、チームの2番手やムードメーカー、そして次世代のエース候補である有力な1～2年生が起用されることが多く、ディープな駅伝ファンの注目を集める。例えば2011年（第87回）で総合優勝を飾った早稲田大学は、1区に起用した1年の大迫傑が区間賞を取る快走を見せ、その勢いを維持したのが大きな勝因となったのは、記憶に新しい。

　そんな1区で、記憶にも記録にも残る激走を見せたのが、2007年（第83回）の東海大学・佐藤悠基だ。スタートからハイスピードで飛ばし、最初の2kmで後続集団に250mもの大差をつける。その後も飛ばし13km過ぎで足にけいれんを起こしてペースを緩めたものの、2位に4分01秒もの大差をつける1時間01分06秒もの快記録を樹立した。チームは往路5区で逆転され優勝はならなかったが、1区らしからぬ激走は多くのファンを熱狂させた。

1区の重要性

1区の好スタートがエースを支える！

1区は……

・距離が短い
・アップダウンが少ない

→ タイム差がつきにくい！

しかし

勢いにのるために大切な区間！

そこで……

- チームの2番手
- ムードメーカー
- 次世代エース候補

こういった選手が起用されやすい！

1区のレジェンド〜2007年・佐藤悠基〜

序盤からハイスピード　（最初の2kmで250m差！）

▼

13km過ぎでけいれん！

▼

走りぬき2位に4分1秒差でフィニッシュ！　（1区の歴代最大差！）

関連項目
●フラット中心のスピードコース・1区→No.048　●1区のレース戦略と記録の変遷→No.049

No.006
天下の険に君臨する「山の神」

箱根駅伝の代名詞、5区の山登り。小田原中継所から標高874mまで駆け上がるこの区間では、圧倒的な走りを見せた選手を「山の神」と称えている。

●テレビ実況の名言から広まった「山の神」の称号

　天下の険・箱根の難所に挑む5区で、圧倒的な力を見せつけた選手を「山の神」と呼び称えるが、この称号が生まれたのは意外に最近のことだ。

　その最初の選手が、2005年（第81回）～2007年（第83回）まで3年連続で区間賞を獲得した順天堂大学の今井正人だ。2005年に2年生で5区に抜擢され、11人抜きの圧倒的な走りで区間新記録を出し一躍注目を浴びる。5区のコースが2.5km延長された翌年も6人抜きで新たな区間記録を打ち立て、往路優勝をもたらした。このとき翌日の新聞記事に「箱根山の神だ今井‼」との見出しが躍った。そして2007年、すでに「山の神」と恐れられていた今井は、小田原中継所でトップから4分9秒差の5位でタスキを受けるや圧倒的なスピードで猛追、16km地点でトップを奪いさらに差を広げてゴールした。自身の記録を更新する1時間18分5秒の区間新記録で、順天堂大学6年ぶりの総合優勝の原動力となった。この2007年の芦ノ湖畔フィニッシュの瞬間、「今、山の神、ここに降臨！」とアナウンサーが実況したことから、一気に「山の神」という呼び方が日本全国に広まった。

　その称号を引き継いだのが、東洋大学の柏原竜二。1年で参戦した2009年（第85回）に区間新記録で華々しいデビューを飾るや、2012年（第88回）までの4年間、区間賞を取り続け「新・山の神」と呼ばれた。その間、東洋大学も4年連続の往路優勝、3度の総合優勝を果たし、黄金期を迎えた。

　そして2015年（第91回）、青山学院大学の神野大地は、1時間16分15秒の区間新記録で往路優勝。この年から200mコースが短くなったものの、2012年の柏原竜二の記録を24秒上回る快走で「3代目・山の神」の名前を継承した。

　現在では、戦前に5区3連覇を果たした八島健三や1974年から4連覇の大久保初男などのレジェンドランナー達も「元祖・山の神」と呼ばれている。

「山の神」と呼ばれた3人

5区で21世紀を彩った3人の「山の神」

初代 山の神

今井正人 (順天堂大学)

- 2005年で11人抜き。
- 2006年区間新記録。
- 2007年4分9秒差をひっくり返し優勝の原動力になった。

> この年のテレビ実況で「山の神」という名称が有名になる。

新 山の神

柏原竜二 (東洋大学)

- 2009年で区間新記録。今井の記録を塗り替える。
- 2012年まで区間賞をとり続ける。10年、12年も区間新記録。

3代目 山の神

神野大地 (青山学院大学)

- 2015年2位でタスキを受け優勝候補の駒澤大を抜いた。コースが200m短く変わったので柏原竜二の記録更新にはならなかったが、24秒上回る。

現在では、名称登場以前のレジェントランナーたちも「元祖・山の神」と呼ばれている。

関連項目
- 箱根駅伝の歴史⑥拡大改革期→No.035
- 箱根の厳しい山登りで強さを競う5区→No.048
- 5区のレース戦略と記録の変遷→No.049

第1章 ● 箱根駅伝を彩る人間ドラマ

No.007
ハイスピードが魅力な山下りバトル

復路6区は、コースの大半が急峻な下りが続くハイスピードコース。トップランナーは平均100m16秒台のスピードで20km以上を走りきる。

●下りならではのスピードは、ハーフマラソン世界記録並み？

　箱根山を駆け下る復路6区は、下りのスペシャリストが集う特殊な区間だ。これまで、4回以上6区を任された選手は計35名。これは5区の38名に次ぎ、この箱根の上り下りがいかに特殊な区間かを物語っている。

　6区の魅力は、なんといってもハイスピード。2016年(第92回)に20.8kmを58分09秒で走り区間新記録を出した日本体育大学の秋山清仁の記録を換算すると、平均時速が21.46km/h、100m16秒78で走り続けたことになる。現在のコースでは、前半の4kmは上り、終盤の3kmは平坦なので、下り区間だけならばさらに速度が出ている計算になる。しかし下りの全力疾走は、見た目以上に足腰に負担を強いる。6区でもっとも苦しいのは、下ってから小田原中継所までのラスト3km。実は下りで体力を消耗し、最後の平坦区間で失速する選手が多いのだ。上りにも強く、下りで疾走でき、さらに終盤も耐えられる特殊な選手だけが6区の栄冠を手にできる。

　そんな6区にあって記憶に残る名ランナーといえば、のちにロンドンマラソンや世界陸上マラソンで優勝を果たした日本体育大学の谷口浩美だろう。1981年(第57回)から3年連続で6区を走りいずれも区間賞。4年次の1983年には20.5kmのコースながら57分47秒の驚異的な記録でチームの総合優勝に貢献した。その他近年には、3年連続区間賞の中央大学・野村俊介(2003〜2005)、2年連続区間賞の神奈川大学・中沢晃(1998〜1999)、大東文化大学・金子宣隆(2001〜2002)、駒澤大学・千葉健太(2010〜2011)と、下りのスペシャリストが複数年君臨することが多い。

　さらに6区が24.7kmと長丁場だった1964年(第40回)には、日本大学の奥貫博が1時間07分54秒の記録を残し、平均速度にすると21.83km/h。これは平均速度だけならハーフマラソン世界記録も上回る隠れた大記録だ。

世界記録にもせまる6区の平均時速

6区はスピード勝負の スペシャリスト区間!

6区はスペシャリストが必要なので、4年間同区を走る選手が多い。

◎6区の平均時速

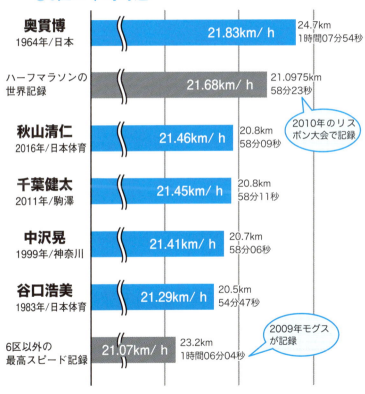

関連項目
●山下りのスペシャリストが駆け下る6区→No.048 ●6区のレース戦略と記録の変遷→No.049

No.008
最後までもつれた優勝争い

第1回大会から起こった最終区での逆転劇。最後まであきらめない走りは、箱根駅伝の歴史が始まった年から引き継ぐ伝統となっている。

●フィニッシュ間近の逆転劇に、ファンは酔いしれた

　復路10区まで総合優勝の行方がわからない混戦レース、ましてそれが逆転劇で終われば、後世に語り継がれる好レースとなる。これまでの箱根駅伝の歴史の中で、10区でアンカーが逆転した勝利は計8回ある。

　まず1920年の第1回大会から、最終区の逆転で勝負が決まっている。2区から9区までトップを守ってきた明治大学を、東京高等師範学校(現・筑波大学)のアンカー茂木善作が、なんと11分30秒もの大差を追いつき、フィニッシュ間近の新橋で抜いて初代王者に輝いた。逆に1924年(第5回)では、9区で1分差の2位につけていた明治大学の八島健三が、東京高等師範学校を鈴ヶ森付近で抜き、さらに9分近い差をつけて雪辱を果たしている。

　その後、1932年(第13回)には、慶應義塾大学が3位からの逆転で初優勝。戦時中の1943年(第22回)の日本大学(3位→1位)、1964年(第40回)の中央大学(2位→1位)、1971年(第47回)の日本体育大学(3位→1位)と続く。また、1986年(第62回)と2001年(第77回)には、順天堂大学が2位からの逆転優勝を果たし、「逆転の順大」と呼ばれるようになった。

　この最終区逆転の歴史の中でもっとも接戦となったのが、1971年の第47回大会だ。鶴見中継所で日本体育大学のアンカー岩淵仁は、トップの日本大学に1分27秒差、2位の順天堂大学にわずか3秒差の3位でタスキを受け取る。走り出して間もなく2位をとらえ、さらにフィニッシュ前7kmでついに日本大学も抜き去り、順天堂大学に23秒差で勝利した。

　一方で2011年(第87回)には、鶴見中継所をトップで出た早稲田大学の中島賢士が区間2位の快走。その40秒差でタスキを受け取った東洋大学の山本憲二は区間賞の猛追で追い上げるもわずかに届かず、21秒差で早稲田大学が逃げ切った。この21秒差は、箱根駅伝の総合僅差勝利の記録だ。

まさに「劇的」な逆転劇

勝負はフィニッシュまでわからない！
最終10区の逆転劇

◎1971年（第47回大会）

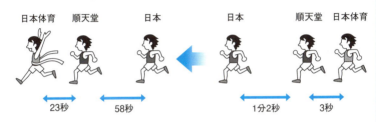

◎2011年（第87回大会）

総合優勝の最僅差記録！

関連項目

●総合優勝の歓喜にわく大手町・10区→No.048　　●10区のレース戦略と記録の変遷→No.049

No.009
フィニッシュ前の熾烈なデッドヒート

シード権をかけた中位チームの熾烈な争いは、時にはフィニッシュ直前でのデッドヒートとなり、箱根駅伝の見どころとなっている。

●シード権争いが生み出したフィニッシュ直前の激しい攻防

　フィニッシュ直前まで続く激しい争いは、大会を最後まで盛り上げてくれる。優勝争いももちろんだが、それ以上に熾烈なデッドヒートを演じることが多いのが、翌年のシード権をかけた中位チームの争いだ。

　2011年(第87回)の最終10区では、記憶に残るフィニッシュ直前でのデッドヒートが繰り広げられた。この年は往路での差があまりつかず、8位〜11位の4校には繰り上げスタートによるタイム差はなかった。そのためラストまで見た目の順位がそのまま総合順位になる白熱した展開となった。シード権争いを演じていた4校のうち、力を残していた國學院大學の寺田夏生が、フィニッシュ手前500mでスパート。しかしフィニッシュ手前120mでコースから外れたテレビ中継車につられコースミスし、戻る間に残り3校に抜かれてしまった。それでも再びスパートをかけ、日本体育大学、青山学院大学が秒差でフィニッシュに飛び込んだ後、城西大学を最後の直線で追い抜き、10位でフィニッシュ。チーム初のシード権をギリギリで獲得した。一方で最後に力尽きた城西大学は、シード権を逃した。思わぬアクシデントが、歴史に残る熾烈なデッドヒートを演出した。

　また、出場校が19校に増えた2003年(第79回)にも、シード権をかけたギリギリの争いが見られた。鶴見中継所で11位だった東洋大学は、アンカー岩田豪の区間2位となる激走で5人抜きの6位に躍進。フィニッシュでは東洋大学からやや遅れて東海大学が入り、さらに順天堂大学と日本体育大学、中央学院大学が激しい鍔迫り合いを演じながら並んでテープを切った。一方、鶴見中継所で6位につけていた神奈川大学は失速し、さらに遅れてフィニッシュ。結局、中央学院大学は繰り上げスタートのタイム差を換算した総合順位でも10位をキープ、嬉しい初のシード権獲得となったのだ。

デッドヒートの要因と名勝負

シード権争いはデッドヒートの好材料

数々の記憶に残るデッドヒートが演じられる

◎2011年（第87回）のデッドヒート

関連項目

●シード校制度でレースの面白さが倍増→No.028

No.010
無念の大ブレーキと途中棄権

体調不良やアクシデントで思わぬ大ブレーキになり、時には途中棄権の憂き目にあうこともある。しかし、それもまた箱根駅伝の一部だ。

●これまでの途中棄権はわずか15チーム

　21チーム210名もの出場選手の中には、体調不良、悪天候、オーバーペース、思わぬアクシデントなどで、思った走りができない選手も出てくる。中には大幅にタイムを崩すことも少なくない。そこまでチームが上位につけていた場合は、「思わぬ大ブレーキ」と称されてしまうことは、これまでもたびたびあった。その結果、中継地点で先頭走者より20分以上（1区の場合は10分）離された場合は、次走者は暫定の白黄タスキをかけての繰り上げスタートとなり、「タスキが途切れた」となってしまうこともある。スポーツの常とはいえ、チーム競技である駅伝だけに大ブレーキを起こした選手の無念は想像するに余りある。またこれこそが、10名の選手を揃えなければ勝ち残れない、箱根駅伝の難しさだともいえる。

　さらに、選手が中継地点までたどりつけない場合は、そこで競技は終わってしまう。こういった無念の途中棄権はこれまでに15チームが経験した。

　中でも2008年（第84回）には、前年度の優勝校・順天堂大学が、5区の残り500mで低血糖状態に陥りフラフラになって倒れ、一度は立ち上がるも力尽きた。さらに9区では大東文化大学が残り6kmで体調不良、そして10区では東海大学が蒲田の踏切で捻挫しその後転倒を繰り返しながら継続するも残り2.2kmでリタイアと、3校の途中棄権が生じた荒れたレースとなったことでも記憶されている。1996年（第72回）は、これも前年度優勝で3連覇のかかった山梨学院大学と神奈川大学がともに4区で棄権。2013年（第89回）には中央大学と城西大学が、ともに5区で途中棄権した。

　しかし第92回まで延べ1324チーム13240人の選手が走った中で、途中棄権はわずか15人。0.1％に過ぎないのは凄い。そして無念の棄権選手に向けても惜しみない拍手が贈られてきたのも、箱根駅伝ならではの光景だ。

大ブレーキと途中棄権の要因

21チーム210人が走るレースでは、思わぬことも起こりうる。

大ブレーキ

体調不良　　天候不順　　アクシデント

大幅にロスしてしまった場合、最大の懸念は繰り上げスタートを避けられるかどうか。

途中棄権

●途中棄権の多かった年トップ3

2008年	順天堂大学／5区	ハンガーノック	※極度の低血糖状態。
	大東文化大学／9区	脱水症状	
	東海大学／10区	捻挫	
1996年	山梨学院大学／4区	疲労骨折	
	神奈川大学／4区	アキレス腱痛	
2013年	中央大学／5区	低体温、脱水症状	
	城西大学／5区	低体温、脱水症状	

15人 / 13225人

これまでの途中棄権者は歴代全参加者1万3240人中15人と、わずか0.1％！

棄権選手に向けても惜しみない拍手が贈られてきた。

第1章●箱根駅伝を彩る人間ドラマ

関連項目
●「花の2区」はなぜエース区間なのか？→No.002　●アフリカからやってきた留学生の衝撃→No.016

No.011
失意からの再起を果たした選手たち

箱根駅伝は栄光と挫折のドラマを生み出してきた。中には深い失意の経験から見事な再起を果たした選手たちの物語もあった。

●再起がキーワードとなった1997年

　2008年(第84回)、5区のフィニッシュまでわずか500mの地点で力尽き、無念の棄権を喫した順天堂大学の小野裕幸。同チームはその前年に山の神・今井正人の快走で総合優勝を果たしており、その後を任されての5区リタイアは、想像に絶する失意と重責を彼に負わせたに違いない。しかし1年後の1月2日、小野はチームの主将として再び小田原中継所でタスキを受け取った。そして区間2位の走りで見事雪辱を果たし、4年間を締めくくった。

　箱根駅伝の歴史には、小野のような再起のドラマが少なくない。中でも1997年(第73回)は、再起がキーワードとなった大会だった。なんと3人もの途中棄権経験者が復活の快走を果たし、それぞれの栄光を手にしたのだ。

　1996年(第72回)の4区で、山梨学院大学の中村祐二と神奈川大学の高嶋康司は、ともに故障し棄権の憂き目にあった。その翌年、山梨学院大学の2区には、4年生になりエース区間を託された中村祐二の姿があった。9位でタスキを受け取った中村は、8人抜きの区間賞の走りを見せトップに立つ。チームはその後順位を落とすも復路で再び盛り返し、総合2位で復活を印象づけた。そして9区の戸塚中継所には、先頭でタスキを引き継いだ神奈川大学の高嶋康司の姿があった。高嶋は区間3位の走りでトップを堅持し最終区へとつなぐ。神奈川大学の初優勝に大きく貢献、前年の失意のどん底から一躍頂点へと登りつめた。

　その同じ9区でさらなる快走を見せたのが、順天堂大学の浜野健。彼は1995年(第71回)の10区で、疲労骨折のため残り9kmでレースを終えた。そして1996年は2区を任されるも区間13位と不完全燃焼。しかし4年生で迎えた1997年、実に14年ぶりに9区の記録を塗り替える1時間9分30秒の走りで新記録の区間賞。箱根駅伝の栄光の歴史にその名前を刻み込んだ。

再起を果たした選手たち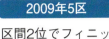

◎総合優勝後のリタイアからの復帰

東洋：小野裕幸

2008年5区	→	2009年5区
中継所の手前500mで棄権。		区間2位でフィニッシュ。
「山の神」の後継者として5区を走った。		チームの主将も務め、大役を果たす。

◎1997年に再起を果たした3人

山梨学院：中村祐二

1996年4区	→	1997年2区
故障で棄権		8人抜きで区間賞！

神奈川：高嶋康司

1996年4区	→	1997年9区
故障で棄権		区間3位でトップを守る！

順天堂：浜野健

1995年10区	→	1997年9区
疲労骨折で棄権		新記録で区間賞！

大きな挫折を経験した選手が著しい成長を遂げることは多い！

関連項目

●天下の険に君臨する「山の神」→No.006　　●9区のレース戦略と記録の変遷失→No.065

No.012
総合タイムの変遷でわかる高速化の歩み

総合タイム記録は、選手個々の力、チーム力、そしてコンディションなどの条件が揃って初めて更新できる、箱根駅伝進化の証なのだ。

●95年間に4時間以上も更新された、総合タイム記録

　1920年の第1回大会で優勝した東京高等師範学校の総合記録は、15時間05分16秒。その後92回の大会を経て現在の記録は、2015年（第91回）に青山学院大学の初優勝で記録した10時間49分27秒。当時とはコースの総距離も若干異なるうえに道路状況やレース環境・コンディションもまるで違うため、そのまま比べることはできないが、それを差し引いても各段の進化を遂げてきたことは間違いない。元々が、日本の陸上長距離界の強化を念頭に始まった箱根駅伝は、確実にその役割を果たしてきたともいえる。

　ちなみに1921年には明治大学が14時間39分01秒と15時間を切り、1928年に明治大学が13時間54分56秒、1933年に早稲田大学が12時間47分53秒、1960年には中央大学が11時間59分33秒と着実に記録を伸ばしていった。

　脅威的な記録更新を果たしたのは、1964年の中央大学。なんと22分以上も縮める11時間33分34秒で、第40回の記念大会に華を添えた。このときは10区間中4区間で中央大学の選手が区間新記録を出している。

　そして1994年（第70回）、ついに11時間を切る記録が生まれる。留学生選手を中心に驚異的なスピードで往路を駆け抜けた山梨学院大学が、復路でもペースを落とさず、10時間59分13秒の快記録で完全優勝。この年、復路6区スタートでは、20校中16校が繰り上げの一斉スタートとなった。そしてその記録は2012年（第88回）に新山の神・柏原を擁する東洋大学が上回るまで、実に18年間も破られることはなかった。環境が整い選手の技術が向上した近年では、区間新記録の更新は昔よりも困難となっている。

　そんな中で、2015年に初優勝を果たした青山学院大学は、区間新2区間を含む区間賞5区間という個人力、そして残りの選手も区間上位というチーム力も発揮して10時間50分を切り、新たな伝説を作った。

総合タイムの移り変わり

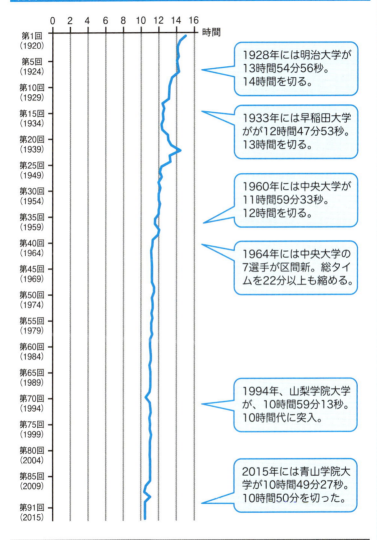

関連項目
- 箱根の歴史①黎明期→No.030
- 箱根の歴史②戦前戦中期→No.031
- 箱根駅伝の歴史③戦後復興期→No.032
- 箱根駅伝の歴史④高度成長期→No.033
- 箱根駅伝の歴史⑤テレビ中継期→No.034
- 箱根駅伝の歴史⑥拡大改革期→No.035

No.013
意外に少ない親子鷹選手

箱根駅伝には、父から息子に引き継がれた箱根駅伝にかける熱い思いの連携もある。そして監督と選手としての同時出場も実現した。

●父の背を見て子は育つ

　親子2代で箱根駅伝に出場した選手は、これまで判明した中では13組いるとされている。延べ13000名以上が走っているにしては、意外にも少ない。その中で、同じ母校のタスキを担ったのは、3組。明治大学の佐原東三郎・節男、東海大学の小松敬二・紀裕、東洋大学の定方次男・俊樹だ。また1964年第40回の記念大会に特別枠で出場した、京都・立命館大学8区の木村祐三の息子・文祐は、日本体育大学の選手として1992年（第68回）と1994年（第70回）に走った。同じく福岡・福岡大学5区の谷川英明の息子・嘉朗も、帝京大学の選手として2000年（第76回）〜2002年（第78回）に3回連続出場を果たしている。箱根駅伝の全国的な人気を物語るエピソードだ。

　そんな親子出場記録で2016年（第92回）に話題を集めたのが、山梨学院大学を31年間率い、箱根駅伝の強豪校に育て上げた名監督・上田誠仁と、次男の上田健太だ。同一チームの監督と選手として親子同時出場を果たしたのは、箱根駅伝の歴史の中で初めてだ。しかも、父・誠仁は順天堂大学の選手として箱根駅伝を走った。さらに健太の母方の祖父である秋山勉も、東京農業大学の選手として1959年（第35回）から4年連続出場している。

　この記録は、本来なら前年度の2015年に達成されるはずであった。中学時代から陸上を始めて頭角を現してきた健太は、父が率いる山梨学院大学に入学した1年次に早くも箱根メンバーに登録されていた。しかしレース当日朝、コンディション不良により出場メンバーから外されたのだ。実は父・誠仁も、自身が順天堂大学の選手として挑戦した1年次に、当日朝に外された悔しさを経て、翌年から3年連続5区で出場。2回の区間賞と2度の総合優勝を果たした。2016年、3区に出場を果たした健太は、区間7位ながらも順位をキープ、チーム総合4位に貢献している。

親子ランナーと3代ランナー

多い？ 少ない？ 親子ランナーは13組

親	子
佐原東三郎（明治／第7、8回）	佐原節男（明治／第27回）
牧田与一（明治／第7回）	牧田源一（順天堂／第42～44回）
兼頼米太郎（東洋／第14、15回）	兼頼邦久（東京学芸／第36、37回）
田中久夫（明治／第23～26回）	金山雅之（早稲田／第55、56回）
伊藤文夫（法政／第28～30回）	伊藤雅弘（早稲田／第58、60回）
島田輝男（専修／第35～38回）	島田善輝（神奈川／第68回）
木村祐三（立命館／第40回）	木村文祐（日本体育／第68、70回）
谷川英明（福岡／第40回）	谷川嘉朗（帝京／第76～78回）
町野英二（日本体育／第47、48回）	町野英也（神奈川／第79回）
吉川徹（東海／第54～56回）	吉川了（神奈川／第87～第89回）
小松敬二（東海／第57回）	小松紀裕（東海／第88回）
定方次男（東洋／第61～63回）	定方俊樹（東洋／第89回）
上田誠仁（順天堂／第55～57回）	上田健太（山梨学院／第92回）

> 同校から出場した親子は3組しかない。また、記念大会などで、関東外から出場した選手もいる。

◎珍しい3代出場選手

秋山勉（東京農業／第35～38回）

┗ 陸上選手の母 ━━ **上田誠仁**（順天堂／第55～57回）

　　　　┗ **上田健太**（山梨学院／第92回）

> 同一チーム（監督と選手）での出場も唯一！

関連項目

●箱根駅伝の歴史に輝く名将の系譜→No.071

No.014
華を添える兄弟・双子選手の活躍

兄弟や双子で箱根駅伝に出場した選手は多く、たびたび話題を提供してきた。特に2014年は4組の双子ランナーの競演となった。

●箱根最強の双子ランナー、設楽ツインズ

　箱根駅伝では、兄弟・双子での出場はこれまで37組とけっこう多い。そのうち同一大学に所属したのは26組、同一チームで同時出場を果たしたのは計20組あり、兄弟でのタスキリレーなども多くたびたび注目されてきた。一方で、あえて兄弟双子で別の大学に進学し、ともに箱根の舞台にたどりつくケースもあり、彼らが出場した大会に華を添えて来た。

　最初の兄弟選手は、第1回から4年連続出場した早稲田大学・河野一郎と第2回から出場の河野謙三。特に揃2人揃って出場した1922年(第3回)と1923年(第4回)は、総合2連覇に大きく貢献する活躍を見せた。彼らは卒業後、自らが走った湘南エリアを地盤に政界入りし、要職を務め日本陸上競技連盟の会長にも就任。また、衆議院議長などを務めた河野洋平は一郎の次男、衆議院議員河野太郎は孫になる。

　その後も多くの兄弟双子選手が活躍してきたが、近年特に活躍が注目されたのが2014年(第90回)大会だ。この年、4年生の設楽啓太(5区)・悠太(3区)の双子エースに、服部勇馬(2年2区)・弾馬(1年7区)の兄弟を擁する東洋大学は、往路復路ともに制したのだ。特に設楽ツインズは2011年(第87回)から4年連続出場し、2012年(第88回)の優勝にも貢献。当時の絶対エースだった新山の神・柏原竜二が務めた5区山登りを、2014年は設楽啓太が担っての総合優勝。まさに最強ツインズにふさわしい実績を残してきた。

　しかも2014年には、大東文化大学の市田孝・宏、順天堂大学の松村優樹・和樹、そして駒澤大学・村山謙太と城西大学・村山紘太と、設楽ツインズを含め4組もの双子ランナーが出場した。1区から2区への市田ツインズのタスキリレーや、2区での村山ツインズの直接対決など、双子ならではの話題を提供し、ファンの大きな注目を浴びた。

兄弟ランナーと双子ランナー

一番身近な仲間でライバル、兄弟ランナーたち

- 2016年までで兄弟・双子での出場は37組。
- 同一大学に所属したのは26組、同一チームで同時出場は20組。

黎明期に活躍した河野兄弟

兄・河野一郎（早稲田）
第1回7区（区間3位）、第2回4区（3位）、第3回7区（1位）、第4回7区（2位）

弟・河野謙三（早稲田）
第2回1区（1位）、第3回8区（1位）、第4回5区（2位）

- 河野兄弟は4区、7区にあたる小田原出身。
- 兄弟は政治家となり、弟は参議院議長も務めた。
- 日本陸上競技連盟の会長を兄弟ともつとめ、箱根駅伝の発展にも大きな力を尽くした。

2014年は双子・兄弟の当たり年！

- **設楽ツインズ、服部兄弟（東洋）**
  設楽啓太（5区）／設楽悠太（3区）
  服部勇馬（2区）／服部弾馬（7区)
  → 2組の兄弟の活躍で東洋は総合優勝！

- **松村ツインズ（順天堂）**
  松村優樹（1区）／松村和樹（7区）

- **市田ツインズ（大東文化）**
  市田宏（1区）／市田孝（2区）
  → 兄弟でタスキリレー！

- **村山ツインズ**
  村山謙太（駒澤・2区）／村山紘太（城西・2区）
  → 双子で直接対決！

関連項目
- 箱根の歴史①黎明期→No.030
- 箱根駅伝の歴史⑥拡大改革期→No.035

No.014 第1章●箱根駅伝を彩る人間ドラマ

箱根から世界に羽ばたいたランナーたち

世界に通用するマラソンランナーを育てるべく始まった箱根駅伝から、多くのオリンピック選手が巣立った。しかしメダリストはまだいない。

●箱根駅伝出場は、オリンピックへの登竜門？

　箱根駅伝は、1912年のストックホルムオリンピックにマラソン選手として出場した金栗四三が途中棄権の憂き目にあい、マラソンのためのロードレース経験を若者に積ませる思惑からスタートした。その後、日本の大学陸上を代表する大会となり、数多くのマラソン選手や長距離選手が誕生している。これまで92回の歴史の中で、箱根駅伝に出場して、陸上でオリンピックの舞台にたどりついたのは、在学中の出場も含め74名に上る。その大半はマラソンか長距離だが、中には中距離や障害、競歩での出場もあった（黎明期には400mの選手が箱根駅伝に出場したこともある）。

　近年で見ても、例えば2008年北京オリンピック男子マラソン代表の3名（尾方剛、佐藤敦之、大崎悟史）、そして2012年ロンドンオリンピック代表3名（中本健太郎、山本亮、藤原新）は、すべて箱根駅伝経験者。10000mに出場した佐藤悠基も箱根駅伝のスターだった。2016年リオでもマラソン代表の佐々木悟、北島寿典、石川末廣に加え、長距離に大迫傑、村山紘太、設楽悠太、3000m障害の塩尻和也は、いずれも箱根経験者だ。

　しかし、これまでオリンピックのマラソンでメダルを獲得した日本国籍選手5名の中には、残念ながら箱根駅伝経験者の名前はない。最高位は1956年のメルボルン大会に、日本大学在学中に出場した川島義明の5位入賞で、次いでロンドン大会での中本健太郎の6位、1992年のバルセロナオリンピックでの谷口浩美の8位と続く。数々の国内外マラソンで優勝した瀬古俊彦や宇佐美彰朗でさえ、オリンピックでは9位が最高位だ。

　実は、20km前後の距離を走る箱根駅伝では、マラソン選手育成についての疑問を呈する声が多いのも事実。はたして箱根駅伝出身者のオリンピックマラソンメダリストの夢は、かなう日が来るのだろうか？

オリンピックと箱根駅伝

箱根駅伝は世界の表彰台を目指して創設された！

箱根駅伝経験者が出場した種目（重複あり）

マラソン　34名
長距離（10000m、5000mなど）　25名
中距離（1500m、800mなど）　10名
短距離（400m）　2名
障害　12名
競歩　1名
冬季スキー滑降　1名

卒業後…50名
在学中…24名
オリンピック出場後箱根駅伝…3名

- 2016年リオデジャネイロオリンピックにも6人出場。
- オリンピックでの最高位は川島義明のマラソン5位入賞。
（1956年メルボルン大会／日本大学在学中）

メダリストは今後に期待！

❖ 最強の市民ランナーも箱根駅伝経験者

最強市民ランナーとして人気の川内優輝（埼玉県庁）も、学習院大学在学中に関東学連選抜の選手として箱根駅伝に2度出場している。学習院大学の在学生では史上初めての出走となった。2007年（第83回）は6区区間6位でチームも最下位と低迷したが、2009年（第83回）は再び6区を区間3位で走り、学連選抜チームの総合9位に貢献した。

関連項目
- 箱根駅伝の生みの親・金栗四三→No.019

No.016
アフリカからやってきた留学生の衝撃

1989年以来、箱根駅伝に留学生ランナーが登場した。高い身体能力を持つ彼らの走りは衝撃的で、日本選手の底上げにも大きく貢献した。

●これまで21人の留学生が延べ54区間に登場、強烈な衝撃を与えた

　箱根駅伝に留学生ランナーが初めて登場したのは、1989年(第65回)。山梨学院大学チームで、ケニア出身のジョセフ・オツオリとケネディ・イセナが走ったのが最初。特にオツオリは花の2区でいきなり区間賞の快走を見せ、衝撃を与えた(このときイセナは8区15位と振るわなかった)。そして4年後の1992年(第68回)には、4年生となったオツオリが調子を崩しながらも2区区間2位、そして彼からタスキを受け取ったイセナが3区区間賞で先頭に立つ。その後6区間をチームメイトも頑張り首位をキープ、チーム創部7年目、箱根駅伝出場6年目での総合優勝を果たした。

　以来、27年間の間に、6校から21人の留学生が延べ54区間に出場し、箱根駅伝に新たな歴史を作ってきた。当初は留学生の出場人数に制限はなかったが、現在は一大会でエントリー2名、出走1名と規定されている。

　留学生ランナーは、2区や3区に多く投入され活躍した。特に山梨学院大学の選手には、2連覇の原動力となったステファン・マヤカ、2区の現区間記録保持者のメクボ・モグス、3区の現区間記録保持者オンディバ・コスマスなど、記憶に残る選手も多い。また、2016年(第92回)には、日本大学のダニエル・キトニーが、留学生で初めて5区区間賞を獲得した。

　しかし、すべての留学生ランナーが圧倒的だったわけではない。彼らが出走した延べ54区間のうち、区間賞を獲得したのは20回。残りは日本人ランナーが制した。2016年は2区に初めて3名の留学生が出走したが、区間賞を取ったのは東洋大学の服部弾馬だ。しかも留学生だけでは勝てないのが箱根駅伝。留学生を擁して総合優勝したのは山梨学院大学の3回のみだ。

　留学生ランナーの存在は物議をかもしたこともあるが、彼らの存在が日本人ランナーの力の底上げに貢献してきたことも、また事実だろう。

歴代留学生数と元祖留学生

◎大学別留学生数

山梨学院大学	10人	平成国際大学	2人
日本大学	4人	亜細亜大学	1人
拓殖大学	3人	東京国際大学	1人

- 2016年まで出場した留学生ランナーは21人。
- 亜細亜大学のビズネ・トゥーラ（エチオピア）を除き、他はすべてケニア出身。
- これまで留学生が走った42区間のうち、留学生が区間賞を取ったのは、20区間。
- 留学生を擁して総合優勝したのは山梨学院大学の3回のみ。

留学生は優秀だが、それだけでは勝てない。

🍀 山梨学院大学を変えた元祖留学生

1986年に陸上部を創部した山梨学院大学は、翌年に箱根駅伝に初出場を果たした。チームを任された上田誠仁監督はさらなる強化策として留学生ランナーを招聘し、自らケニアに赴きスポーツ研修生として2名の若者を迎え入れた。その1人、ジョセフ・モガンビ・オツオリは、それまでケニアでの実績はほとんどなかったものの、1989年に箱根駅伝に初出場するやいなや、2区で7人抜き区間賞の衝撃的な走りを見せた。その後も1991年まで3年連続区間賞を獲得、1992年は調子を落とすも区間2位で、山梨学院大学初優勝に貢献した。

しかし、オツオリが貢献したのはその速さだけではない。練習に正面から向き合いチームの手本となり、また誰にも愛される人柄も手伝って中心選手となった。「その真摯な姿がチームを動かしたといえる。」と上田監督ものちに語っている。彼の存在が山梨学院大学を総合優勝3回、30年連続出場の強豪へと導いたことは間違いない。

卒業後は実業団に所属し、一時帰国するも2003年から新潟の小さな実業団チーム（重川材木店）にコーチ兼任で所属、数年で日本実業団対抗駅伝本戦出場に導いた。しかし2007年、一時帰国中のケニアで交通事故に遭い37歳で急逝去。多くの関係者やファンが早すぎる死を惜しんだ。

関連項目

- 「花の2区」はなぜエース区間なのか？→No.002 　●箱根駅伝の歴史⑤テレビ中継期→No.034
- ライバル校のエース同士が魅せた名勝負→No.003

No.017
黎明期に起こった珍事件

今でこそ陸上の大イベントとなった箱根駅伝だが、黎明期には今では考えられないような珍事や不名誉な事件がけっこうあった。

●替え玉事件や近道疑惑もあった黎明期

　1922年の第3回大会で初めて箱根駅伝に参加した日本大学は、選手を10人揃えることができなかった。そこで大会事務局の許可を得て付属校だった日大一中(現在の日大一高)の生徒3人を起用して初出場を果たした。またこのときに10区を走った前田喜平太も、面白い経歴の持ち主だ。その前年の第2回大会時には、彼は新橋交差点で警備を担当した巡査で、熱狂のあまり選手通過後に追走したという。その後、駅伝に参加するために巡査を辞め日本大学に入学し、第3回大会から選手として走っている。

　日本大学はその3年後の第6回大会に珍事件を起こしている。3区で4人をごぼう抜きにした吉田正雄という選手がいた。しかし、タスキを渡した2区の選手も受け継いだ4区の選手も驚いたという。なぜなら、吉田正雄とはまったくの別人だったからだ。この男の正体は大山という人力車夫。レース後の調査の結果、前走者を抜くときに「アラヨット」と掛け声をかけたという証言から替え玉がバレたと伝えられている。しかし当時は、人力車夫が夜間部の学生登録をして出場することも少なからずあったらしく、そのせいかこのときの日本大学の記録は、走者も吉田正雄のまま正式記録として残されている。ただし日本大学は翌年の大会参加を辞退している。

　また失格につながった不祥事も2回ある。1度目は1938年(第19回)の明治大学。選手の1人が実業団のレースにも参加していたことが発覚し、総合2位に入りながらも失格となった。また1951年の第27回では、東京農業大学の8区の選手が、中継所100m手前で力尽き倒れ、応援団数人が担ぎあげ中継所まで運んでしまった。このときはチームが自ら失格を申し出ている。

　この他にも黎明期には、近道をしていつの間にか順位が入れ替わったようなこともあったらしい。まさにおおらかな時代ならではの珍事だ。

替え玉事件と近道疑惑

コースや選手登録も大雑把な黎明期ならではの珍事件

珍事件1 これはダレ？

- 登録選手とは別の選手が出走。4人をごぼう抜きしたその正体は人力車夫だった。

- 他にも高校生を起用したり、陸上部でない選手も出場したり、夜間部の学生として一般人を登録していたりしていた。

珍事件2 いつの間にか前にいる！

- 「抜かれてもいないのに先行されている」こともあったが、特に失格などのペナルティはなかった。

- とくに5区の箱根は関所のため、抜け道も多かった。ただし、第1回は夕方からのスタートだったため、生徒や青年団が松明をもって道に並んだので抜け道は使えなかった。

関連項目

● 箱根の歴史①黎明期→No.030

箱根の山に君臨したレジェンドたち

　箱根駅伝の5区といえば、21世紀に入り活躍した今井・柏原・神野といった「山の神」と呼ばれた選手が想い浮かぶ。が、それ以外にも幾多の名選手たちがその名を馳せて来た。黎明期に名前があがるのが、1925年（第6回）〜1927年（第8回）まで3年連続で5区区間賞に輝いた明治大学の八島健三だ。ただし八島は、明治大学入学前の1920年にアントワープオリンピックマラソン代表となっており、1923年は3区、1924年は10区走者としていずれも区間賞を獲得している。すでに実力を認められていた選手が、満を持して5区を任されたのだ。

　一方、入学してすぐの1回生である1935年（第16回）から6回生となる1940年（第21回）まで、6年連続5区を任された日本大学の鈴木房重は、まさに山の申し子として日本大学の黄金期を築きあげた。1935年は区間4位だったもののチームは初の優勝を果たし、以後3年連続区間賞はそのまま母校優勝の歴史と重なっている。このように5区の絶対的エースの存在がチーム優勝につながる例は多く、1948年（第24回）からの6年間連続で5区に出場し3回の区間賞を獲得した中央大学・西田勝雄、1955年（第31回）から2年連続区間賞の中央大学・谷敷正雄、1972年（第48回）から2年連続区間賞の日本体育大学・石倉義隆などは、エースとしてチームを牽引し栄光をもたらした。

　そんな5区の歴史において燦然と輝くのが、大東文化大学の大久保初男だ。1974年（第50回）から4年連続区間賞を獲得し区間新記録も2度達成、1975年と1976年には、母校の初優勝と連覇の原動力となり「山登りの名人」と称えられた。同時期に6区で圧倒的な走りを見せた金田五郎と併せて「山の大東」の伝統を作り上げたのだ。ちなみに大久保は、日本テレビによる生中継が始まった1987年には、解説者として第1中継車に乗り組み、箱根路の解説を行っている。大東文化大学は1990年と1991年にも連覇しているが、そのときの5区に君臨したのは奈良修だ。しかし奈良は、4年次には体調不良がたたり区間12位に沈み、チームも総合で最下位に。まさに天国と地獄を味わった4年間となった。彼はその後実業団で活躍し引退後に母校のコーチになり、2008年からは監督に就任して現在も「山の大東」の復活を目指している。

　奈良監督のように現役時代に5区で結果を残し、その後に指導者として活躍した選手は他にもいる。山梨学院大学を率いて箱根駅伝に革命をもたらした上田誠仁監督は、順天堂大学の選手として1979年（第55回）から3年連続で5区を走り区間賞2回、総合優勝の原動力となっている。また2000年代に入り駒澤大学を強豪校に育て上げた大八木弘明監督も、1984年（第60回）大会で5区区間新記録の快走を見せた。これは駒澤大学初の区間賞獲得でもあった。

　そして、ぜひ記憶に刻んでおきたいのが、2004年（第80回）の筑波大学・鐘ヶ江幸治。彼は日本学連選抜の一員として5区を走り、区間賞を獲得。この年から制定された最優秀選手に贈られる金栗四三杯の、最初の受賞者となっている。

第2章
箱根駅伝の基礎知識

No.018
日本で生まれた駅伝競走

かつて京都から東京をつなぐ500kmに及ぶ競走が行われた。これが駅伝競走の始まりで、その名は日本の古い交通制度からつけられた。

●日本伝統の交通制度の名前をつけた、日本独自の長距離競技

　長距離を複数人のチームでつないで走り競う駅伝競走は、日本で誕生した独自の陸上競技だ。その発祥は、100年前の1917年（大正6年）4月27～29日にかけて開催された"東海道五十三次関東関西対抗駅伝徒歩競走"だ。明治維新で京都から東京に遷都してから50周年を記念して開催されたこの大会は、京都・三条大橋をスタートし、3日間かけて東海道の508kmを23区間に分けてつなぎながら走破。東京・上野不忍池で開催されていた奠都50周年記念大博覧会会場にフィニッシュした。このとき、45時間34分で先着した関東チームのアンカーを務めたのが、のちに箱根駅伝の誕生に関わる金栗四三だった。このレースを主催したのは博覧会の主催者でもあった読売新聞社で、このときに"駅伝競走"という名称も生まれている。

　駅伝という言葉自体は日本に古くからあり、なんと7世紀の大化の改新の時代にまで遡れる。当時整備された律令制の一環で、中央と地方を結ぶ通信物流手段として、駅路という街道と駅家という中継地点を整備。さらに使者や物資を運ぶ駅馬や伝馬という馬を用いたことから、伝馬制もしくは駅伝制と呼ばれるようになったのが始まりだ。長距離になれば、使者は伝馬を乗り継いで、目的地に急いだ。その制度はその後も形を変えながら存続し、江戸時代にも主要街道には伝馬制が整備されていた。この日本伝統の交通通信インフラの名称を、長距離を複数人でつなぐ徒競走に当てはめたのが、駅伝競走と名づけられた由縁だ。

　このような競技は世界でも他に類がなく、国際名称としては"Road relay"ともいうが、オリジナルに敬意を表し"Ekiden"が使われることもある。現在、京都・三条大橋と東京・上野不忍池のほとりには、「駅伝の歴史ここに始まる」と刻まれた"駅伝発祥の碑"が建てられている。

駅伝の由来

駅伝とは？
大化の改新の時代に整備された、長距離交通通信インフラ。

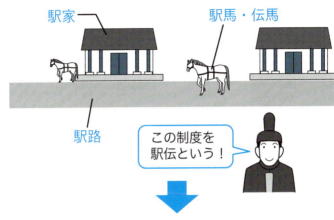

1917年に日本で生まれた長距離リレー陸上競技の名称に使われる。

東海道五十三次関東関西対抗駅伝徒歩競走

- 京都・三条大橋〜東京・上野不忍池間508kmを、23区間に分けた。
- 関東軍（東京の学生）と関西軍（名古屋・京都の学生）の2チーム対抗。
- 1917年4月27日午後2時に京都・三条大橋をスタート。4月29日午前11時34分に、東京・上野不忍池に東軍フィニッシュ。関西軍は1時間24分遅れでフィニッシュ。
- 関東軍アンカーは、箱根駅伝の生みの親・金栗四三。

関連項目

●箱根駅伝の生みの親・金栗四三→No.019

No.019

箱根駅伝の生みの親・金栗四三

箱根駅伝が誕生したのは、今では日本マラソンの父ともいわれる、オリンピック出場3回のトップアスリートの尽力によるものだった。

●箱根駅伝の創始者は、日本初のオリンピックアスリート

　これまで92回、106年もの歴史を積み重ねてきた箱根駅伝だが、その生みの親といえるのが、当時の日本を代表するアスリート・金栗四三だ。日本人初のオリンピック選手として、1912年の第5回ストックホルム大会のマラソン競技に出場した他、1920年の第7回アントワープ大会、1924年の第8回パリ大会にもマラソン日本代表として出場している（第6回ベルリン大会も代表となったが、第一次大戦で大会中止）。

　1891年に熊本で生まれた四三は、小学校時代に往復12kmの道程を走って通学し、長距離走の基礎を身につけた。その後、東京高等師範学校（現在の筑波大学）に進学し、長距離ランナーとしての才能を開花させ、校長であった嘉納治五郎に見出される。しかし日本国内では敵なしの走力を誇った四三も、オリンピックでは惨敗を喫する。ストックホルムでは日射病により途中で倒れ、コース近くの農家で介抱されて目覚めたのは翌朝。競技中に行方不明とされ、その後も長く語り草となった。アントワープでは完走するも16位、34歳で挑んだパリでも途中棄権に終わった。

　ストックホルムから帰国した四三は、マラソンだけでなく様々な陸上長距離競技に出場。日本初の駅伝となった"東海道五十三次関東関西対抗駅伝徒歩競走"でも、関東軍のアンカーを務めた。また、下関〜東京1200km走破などにも挑戦。長距離走競技の普及に努める傍らで後継の育成にも尽力し、日本マラソンの父と呼ばれている。そのマラソン選手強化の手段として、四三と彼の仲間が発想し開催にこぎつけたのが、"四大校対抗駅伝競走"、つまり1920年に行われた第1回箱根駅伝だ。その栄誉は、毎年の最優秀選手に贈られる金栗四三杯として伝えられている。また老舗菓子メーカー・グリコのお馴染みのマークも、彼がモチーフになったとされている。

金栗四三の偉業

◎金栗四三の軌跡

1891 年	熊本生まれ。
1891 年	ストックホルムオリンピック予選会　優勝 25 マイル＝(40.225 キロ)を 2 時間 32 分 45 秒
1912 年	第 5 回ストックホルム大会出場 （競技中に行方不明）
1917 年	東海道五十三次関東関西対抗駅伝徒歩競争出場
1919 年	下関〜東京走破（約 1200km ／ 20 日間） 日光〜東京走破（約 130km ／ 20 時間）
1920 年	第 7 回アントワープ大会出場(16 位)
1922 年	樺太〜東京走破（約 1360km ／ 20 日間）
1924 年	第 8 回パリ大会出場(途中棄権)
1955 年	紫綬褒章受章
1983 年	92 歳で逝去

・日本人初のオリンピック出場
・マラソン代表としてオリンピック出場3回
・長距離走競技の普及や選手育成にも尽力

マラソンランナーの強化育成のため、箱根駅伝を企画・実施

🍀 金栗四三が持つもっとも遅いマラソン記録

1920年のストックホルム大会でのマラソン競技で、金栗四三は棄権扱いではなく、行方不明と公式記録には残されていた。そこで、1967年のストックホルム大会55周年の記念行事のさい、スウェーデンオリンピック委員会の招待で再びストックホルムへ。オリンピックコースのテープを切るセレモニーを行い、「54年8か月6日5時間32分20秒3でゴールインしました」とのアナウンスで称えられた。これは公式のオリンピック記録として残され、オリンピックマラソン最遅記録として今なお語り継がれている。

関連項目
●箱根から世界に羽ばたいたランナーたち→No.015　●日本で生まれた駅伝競争→No.018
●個人記録と区間賞・区間新→No.025

No.020
マラソン強化のために生まれた箱根駅伝

オリンピックで惨敗し、マラソン選手の強化育成に尽力した金栗四三は、多くの選手が参加できる駅伝で若い選手を育てようと考えた。

●アメリカ大陸横断駅伝の予選会として箱根駅伝は誕生した

　日本人として初めてオリンピックマラソンに出場した金栗四三は、惨敗を喫した結果、自らの鍛錬だけでなく日本の陸上競技レベルを上げることに尽力、特にマラソンランナーの育成に力を入れた。そんな中で1917年に日本初の駅伝競技が開催され、四三はアンカーを務めた。この大会後、イベント性の高い駅伝は、世間から注目を集める人気競技となる。

　そこで若いランナーの強化育成策として目をつけたのが、多人数が参加できる駅伝競技だった。四三が日光〜東京を走破した際には、自分が勤める中学校の生徒たちにチームを組ませ、駅伝方式で自らの走破に伴走させることも試みている。さらに目標は高くと打ち出したのが、アメリカ大陸横断を駅伝で行う壮大な計画だった。ただしいきなりアメリカ挑戦は無理があり、そのための予選会として企画した大会が、のちに箱根駅伝となる。

　当初は、東京〜箱根往復以外に、水戸〜東京、日光〜東京の3つのコース候補があった。その中で東海道というニュースバリューのあるルートであること、また本番となるアメリカ横断ではロッキー山脈越えがあるため、厳しい山岳路のある東京〜箱根の往復コースを採用。10区間に分け、10人の選手で往路復路の2日間に分けて走ることも、このときに定められた。

　大会開催に向け奔走した四三は、陸上競技に力を入れていた報知新聞社に相談し支援をとりつけた。出場選手は東京の大学に声をかけ参加を募ったが、10人の選手を揃えられたのは、四三の出身校であった東京高等師範学校をはじめ、早稲田大学、明治大学、慶應義塾大学の4校。そのため、第1回の箱根駅伝は"四大校対抗駅伝競走"として、1920年の2月14〜15日に開催された。本来の目的であったアメリカ横断駅伝の計画は残念ながら実現しなかったが、現在まで続く箱根駅伝の歴史がここに始まった。

箱根駅伝の始まり

箱根駅伝はこうして始まった

日本の陸上競技レベルを上げたい…

そうだ！学生対抗の駅伝大会をやろう！

最終目標は駅伝でアメリカ横断だ！

まずは国内で予選会だ。ルートは山越えがあって話題になるところがいいな。

報知新聞社に協力してもらおう。参加校は4校か…

3つの候補

① **水戸〜東京（片道）**
　→ ほとんどが平坦なコースで、厳しさが足りない。

② **日光〜東京（片道）**
　→ 前半は山がちだが、上りコースは少ない。

③ **東京〜箱根〜東京**
　→ 東海道という認知度が高いコースで、箱根の厳しい山岳路の上りと下りがある。

どこがいいかな…

結果、箱根駅伝の誕生！

関連項目

●箱根駅伝の生みの親・金栗四三→No.019　　●箱根駅伝を支える新聞社→No.080

No.021
箱根駅伝とはどんなレース?

全国規模の人気を誇る箱根駅伝だが、あくまでも関東ローカルレース。駅伝は他に全国大会や実業団、女子大会などが開催されている。

●交通事情から31回大会より開催日が1月2〜3日に固定される

　1920年に産声を上げて以来、2016年までに97年間で92回もの歴史を積み上げてきた"東京箱根間往復大学駅伝競走"は、関東学生陸上競技連盟が主催する大学駅伝の地方大会である。東京・大手町から箱根・芦ノ湖湖畔を10区に分け、2日間に分けて走るスタイルは第1回から変わっていないが、開催日が1月2〜3日に固定されたのは、1955年の第31回大会から。第1回は2月14〜15日の開催で、第2回から第30回までは1月の初旬に行われていた。その後は交通事情が逼迫してきたため、比較的道路の混雑が少ない現在の日程に固定された。なお、1927年の第8回大会は、前年末に大正天皇が崩御された影響で、4月9〜10日に開催されている。また第二次大戦の影響で、1941〜1942年と1944〜1946年の5年間は、開催されていない。

●箱根駅伝が築いた駅伝の人気と伝統は、日本全国に定着した

　箱根駅伝はその人気にもかかわらず、あくまでも関東ローカルの大学駅伝。現在、箱根駅伝以外の大学3大駅伝は、10月の体育の日に出雲で行われる"出雲全日本大学選抜駅伝競走"と、11月第1日曜日に愛知・三重で行われる"全日本大学駅伝対校選手権大会"だ。この他、"関西学生対校駅伝競走大会""九州学生駅伝対校選手権大会"などの地方大会もある。
　また、箱根駅伝に迫る人気と伝統を持つのが、1957年に始まり1月1日に行われる"全日本実業団対抗駅伝大会(通称・ニューイヤー駅伝)"だ。この他、都道府県対抗や富士登山駅伝、高校・中学駅伝、さらにそれぞれの女子大会や、男女混合の"全国車いす駅伝競走大会"もあり、人気は高い。一方、海外チームを招聘し、マラソンと同じ42.195kmで競われる国際千葉駅伝、横浜国際女子駅伝もあったが、残念ながら現在は廃止されている。

箱根駅伝とは

箱根駅伝の基本の「き」

・正式名称は東京箱根間往復大学駅伝競走。
・関東学生陸上競技連盟が主催する大学駅伝の地方大会。

ルート

・東京・大手町から箱根・芦ノ湖湖畔を往復。

開催日

・1月2日と3日の2日間。

第1回は2月14〜15日。

➡ 第2回から1954年(第30回)までは、学生が比較的時間がとれ観光地・箱根が閑散期となる、正月明けの1月の初旬。

➡ 戦後の復興に従い車が増えたため、第31回からは道路事情に余裕のある1月2〜3日開催に変更。

大学3大駅伝

・**東京箱根間往復大学駅伝競走**
(通称・箱根駅伝)

・**秩父宮賜杯全日本大学駅伝対校選手権大会**
(通称・全日本大学駅伝)
初回:1970年　開催日:11月第1日曜日
コース:愛知・熱田神宮〜三重・伊勢神宮　8区間106.8km

・**出雲全日本大学選抜駅伝競走**
(通称・出雲駅伝)
初回:1989年　開催日:10月体育の日
コース:出雲大社〜出雲ドーム　6区間45.1km

関連項目
●2017年(第93回)箱根駅伝全コース→No.046　●歴史ある関東学生陸上競技連盟→No.076

No.022
箱根駅伝に出場できる大学は？

若い長距離ランナーにとって憧れの箱根駅伝だが、関東ローカルレースのため関東学生陸上競技連盟に加盟していないと出場権はない。

●出場できるのは関東の大学が原則だが、例外もあった

　箱根駅伝に出場するには、まず原則として主催する関東学生陸上競技連盟に加盟している大学であることが条件だ。そのため、箱根駅伝の人気が高くなって以降は、箱根駅伝に出場したいがために、わざわざ地元を離れ関東の強豪校に進学する学生も少なくない。

　また第二次大戦中の1943年に開催された第22回までは、関東学生陸上競技連盟の加盟校なら、出場希望すればいきなり本戦への出場が可能だった。しかし戦後の1947年に復活した第23回からは、予選会を経て本戦に進む規定が設けられている。ただし当時は、本戦出場は15校と規定されていたものの、1955年（第31回）までは、本戦エントリーが15校以下であった。そのため予選会は開催されるも、エントリー校すべてが本戦に出場していた。1956年（第32回）に初めて予選会へ19校が参加し、4校が落選している。

　1957年（第33回）からは規約が変更となり、シード校制度が導入された。前年の本戦レースで10位までのチームは翌年の予選会免除となり、残り5校の出場枠を予選会上位校に振り分けた。やがて予選会に参加する大学はうなぎ登りに増え、本戦への出場が狭き門となる。その後、2003年（第79回）からは本戦出場枠が、新設された関東学連選抜チームを含む20チームになり、さらに2015年（第91回）からは21チームへと増加した。

　また記念大会では特別出場枠が設置された。1964年（第40回）の記念大会には関西から立命館大学、九州から福岡大学が招待され参考出場。第50回、第60回、第70回では本戦出場枠を20校に拡大。第80回は日本学連選抜チームを結成、第85回と第90回は本戦出場枠を23校に増やし本戦を競った。関東以外の大学の出場は、第40回の立命館大学・福岡大学以外には、昭和初期の第9回、第12回、第13回の3度、関西大学が招待により出場している。

チームの出場資格

基本は関東の大学のみ

出場資格（チーム）

・関東学生陸上競技連盟に加盟する大学のチームであること。大学と大学院は別枠扱い。

（出場資格審査もあるので、例えば加盟大学であっても非公式の同好会などは出場資格は得られない）

> 例外：第9回と第12～13回に、関西大学が特別枠で出場。第40回記念大会では、関西から立命館大学、九州から福岡大学が招待され参考出場となった。

出場資格の変遷（記念大会除く）

- **第1～22回** ＝ 希望すればすべてが出場。
- **第23～31回** ＝ 予選会を実施するも、本戦出場規定の15校以下だったため、すべて本戦に出場。
- **第32回** ＝ 初めて予選会参加が19校となり、4校が落選。
- **第33～47回** ＝ シード校制度を導入。前年度10位までがシード校として予選免除。予選会からは5校出場。
- **第48～78回** ＝ シード校は前年度9位まで。予選会からは6校。
- **第79～89回** ＝ 本戦枠を19校＋関東学連選抜に拡大。シード校は前年度10位まで。予選会からは9校。
- **第91回～** ＝ 本戦枠を20校＋関東学生連合に拡大。予選会からは10校。

関連項目
- ●シード校制度でレースの面白さが倍増→No.028
- ●予選会とはどんな大会？→No.029
- ●人気上昇とともに増加した参加チーム→No.036
- ●歴史ある関東学生陸上競技連盟→No.076

No.023
箱根駅伝に出場できる選手は？

箱根駅伝に出場できる選手は、関東学生陸上競技連盟登録が大原則。
正選手と補欠の入れ替えは当日まで可能でチームの駆け引きがある。

●現在、選手の出場は最大4回までだが、年齢制限はない。

　箱根駅伝に出場するためには、選手の所属校が関東学生陸上競技連盟の加盟校であることと、選手自身が関東学生陸上競技連盟に当該年度の登録をしていることが原則だ。現在ほど規約が厳格に適用されなかった黎明期には、例えば車夫や飛脚などの脚自慢の社会人が、大学の2部(夜学)に在学登録だけして出場するようなケースもあった。しかしその後、2部生の参加が規制され、資格審査委員会が設けられるなどの内規もできて、事実上そのような不正出場は不可能だ。また、以前は在学中なら何回でも出場が可能であった。1949年までの大学は予科3年本科3年の計6年制であり、中には学部変更なども行って8回出場した強者もいた。しかし現在は予選会登録も含め4回までの出場しかできない。その代わり1992年まではあった28歳以下という年齢制限規約は撤廃されている。

　チームエントリーは最大16名で、そのうち10名が区間エントリーされた正選手。残り6名が補欠選手だ。正選手と補欠選手の入れ替えは、当日のレース直前まで可能で、往路・復路それぞれ4名までが認められている。ただし、一度区間エントリーを行った正選手は、別の区間への変更はできない。補欠制度は、故障や体調不良などのアクシデントが珍しくないことから必須で、怪我を押してエントリーはするも、間に合わずに当日朝に補欠選手と交代することは多い。だがこの規約を逆手にとったエントリー戦略も行われている。つまりエース級の選手をあえて補欠登録にして、状況やライバルチームの動向などを睨んで、当日朝に見定めてエントリー変更するような駆け引きだ。また、1989年以降は留学生ランナーも登場し、当初は1チーム2名の本戦出場もあった。2006年に内規が変更され、留学生のエントリーは1チームで2名までで、本戦出場できるのは1名のみとなった。

選手の出場資格

6年制大学や、留年しても4回まで

出場資格（選手）

- 関東学生陸上競技連盟の加盟校の学生であること。
- 関東学生陸上競技連盟に当該年度の登録済みであること。
- 資格審査委員会の審査に通っていること。
- 予選会登録も含め最大4回まで。

> 黎明期は…
> - 脚自慢の社会人が、大学の2部（夜学）に登録だけして出場することもあった。
> - 在学中なら何回でも出場が可能。8回出場した選手もいた！
> - 28歳以下の年齢制限があった（現在は撤廃）。

チームエントリー

- 最大16名。
- 10名が区間エントリー、残りが補欠。
- 選手の入れ替えはレース直前まで可能。
- 区間エントリーした選手の区間変更は不可能。
- 留学生はエントリー2名、出場1名。

「アクシデントがあった！入れ替え！」

「あのチームはこうきたか…入れ替え！」

関連項目

- 黎明期に起こった珍事件→No.017
- チーム戦略と選手のオーダー→No.086

No.024
3つの勝利がある箱根駅伝

箱根駅伝には、総合優勝に加えて往路と復路の優勝もある。重視されるのは総合だが、往路復路それぞれの優勝にも大きな意味がある。

●重視されるのは総合優勝

　2日間にわたって競われる箱根駅伝には、3つの勝利がある。つまり初日の1区から5区までのタイムトップに与えられる往路優勝と、2日目の6区から10区までのタイムトップに与えられる復路優勝。そして往路と復路の総合タイムトップの総合優勝だ。ただし通常は、単に「箱根駅伝優勝校」といえば、この総合優勝を指す。

　総合優勝校には、賞状、優勝旗、優勝カップ、それに出場選手に金メダルが授与される。また総合2位と3位のチームには、賞状、カップ、メダルを授与。4位から10位までにも賞状とトロフィーが授与される。一方、往路と復路については、それぞれの優勝校のみに賞状、トロフィー、副賞が授与される。この他往路優勝には、往路フィニッシュのある箱根町から、箱根名産の寄木細工で造ったトロフィーとメダルも併せて贈られる。

　往路優勝は、芦ノ湖のフィニッシュ順なので勝敗はわかりやすい。復路では、総合順位では中位でも復路優勝に輝くこともある。過去には総合で6位ながら復路優勝を果たした例が2回ある。何かのトラブルにより往路で順位を落とした場合でも、復路優勝が設けられているおかげで、復路の選手たちがモチベーションを保つことができるのだ。逆に往路優勝を果たしても、復路で振るわず総合では中位に沈んでしまうこともある。このあたりが、2日間で競われる箱根駅伝の厳しさでもあり、逆に面白さでもある。

　総合優勝については、6区の繰り上げスタートがあるため、計算上はトップで大手町フィニッシュしたチームが優勝を逃す可能性もあるが、現実にはそのような逆転優勝はいまだない。これまでの大逆転は、順位でいえば往路6位から総合優勝を勝ち取った2006年（第82回）の亜細亜大学。タイムでいえば往路8分27秒差から逆転した1920年（第1回）の東京高等師範学校だ。

3つの勝利条件

往路・復路優勝にもトロフィーがある

総合優勝

往路・復路の総合タイムがもっとも速いチーム。普通はトップで大手町にフィニッシュしたチーム。

> 往路でトップから10分以上の差がついたチームは、すべて10分差の一斉スタートになるため、10分差を逆転してトップでフィニッシュしても、往路のタイム差で優勝とならない可能性がある。ただしこれまでにそのケースは生じていない。

往路優勝

往路の総合タイムがもっとも速いチーム。箱根・芦ノ湖にトップで入ったチームが優勝。

> 優勝チームには、箱根町から寄木細工で作った副賞がある。

復路優勝

復路のみの総合タイムがもっとも速いチーム。総合順位は低くとも復路優勝に輝くこともある。

> トラブルにより往路で順位を落とした場合でも、復路の選手たちがモチベーションを保つことができる。

関連項目
●タスキが途切れる繰り上げスタート→No.026　　●見た目の順位と異なる復路のタイム計算→No.027

No.025
個人記録と区間賞・区間新

チーム戦である駅伝だが、個人の記録も称えられる。各区の区間賞や区間新記録の他に、最優秀選手に与えられる金栗四三杯もある。

●強者の証として語り継がれる区間新記録

チームとして戦われる箱根駅伝だが、それぞれの区間では個人の戦いであり、個人の成績も公式記録に残され、チームの成績とは別に表彰される。各区間でトップタイムを叩きだした区間1位の選手には区間賞が贈られ、賞状とトロフィーも授与される。

また、それまでの区間記録を塗り替えた場合は、区間新記録とされる。これは戦後の再開となった1947年(第23回)大会から公式記録として導入されたもので、新たな記録が生まれるたびに塗り替えられていく。ただし、箱根駅伝ではこれまで何度もコース変更やコースの再計測による表示距離の変更がなされてきた。コース変更が行われた場合は、それまでの区間記録は参考記録となり、新たな記録が区間記録とされる。ただしコース変更で距離が短くなったのにそれまでの記録より遅い場合は、区間新とは認められないことも。参考記録となった区間記録については、その栄誉が失われることはなく、むしろ永遠に記録として語り継がれることになる。

各区間の距離が公式に計測され発表されたのは、1955年(第31回)からだ。その後もコースが変わらなくても定期的に再計測が行われており、公式の表示距離が100m単位で変更されることも多い。コースは変わらずに再計測により表示距離のみ変更となった場合は、それまでの区間記録はそのまま継続されることになる。

そして、選手個人に与えられる最優秀選手賞が、箱根駅伝の父の名前をいただいた"金栗四三杯"。第80回の記念大会となった2004年に制定され、その大会でもっとも活躍した選手に金栗四三杯が授与されるようになった。ただし総合優勝校からとは限らない。初代受賞者はオープン参加の日本学連選抜チームながら5区で区間賞を取った、筑波大学の鐘ヶ江幸治だった。

個人の賞

箱根の歴史に個人の名を残す

区間賞

その大会での区間タイム1位。

> 同一タイムで2名の区間賞が生まれることもあった。

区間新記録

同一コースで従来の区間記録を塗り替える記録。

コース変更になった場合
→ それまでの記録は参考記録とされ、新たな区間記録が制定。

再計測による距離表示の変更
→ そのまま継続。

金栗四三杯

最優秀選手に贈られる。2004年(第80回)より制定。
●歴代受賞者
　　2004年　日本学連選抜5区・鐘ケ江幸治（筑波大学）
　　2005～2007年　順天堂大学5区・今井正人
　　2007年　東海大学1区・佐藤悠基　※同時受賞
　　2008年　中央学院大学9区・篠藤淳
　　2009～2010年　東洋大学5区・柏原竜二
　　2011年　東海大学2区・村澤明伸
　　2012年　東洋大学5区・柏原竜二
　　2013年　日本体育大学5区・服部翔大
　　2014年　東洋大学10区・大津顕杜
　　2015年　青山学院大学5区・神野大地
　　2016年　青山学院大学1区・久保田和真

関連項目

●箱根駅伝の生みの親・金栗四三→No.019　　●箱根駅伝のコース変遷→No.047

No.026
タスキが途切れる繰り上げスタート

あまりタイム差がつくと公道の交通規制の問題が生じるために導入されているのが繰り上げスタートだ。タスキが途切れる苦渋の決断だ。

●交通規制のために実施される繰り上げスタート

　公道を使ったロードレースである箱根駅伝では、コースや中継所などを交通規制する必要が生じる。しかし交通量の多い東海道を使うために、いかに人気の高いイベントとはいえ、長時間の交通規制を行うことはできない。そこで、トップ走者から一定時間離れたチームについては、中継所や復路スタートでの繰り上げスタートが導入されている。最初は復路の6区スタートで下位チームを繰り上げスタートとすることで、時間調整を行った。これはすでに第1回大会(出場4チーム)から実施され、4位チームを復路6区で30分差での繰り上げスタートとした。6区での繰り上げ時間については試行錯誤が繰り返され、1966年(第42回)〜1975年(第51回)までは、復路スタートを全チーム一斉スタートとしたこともあった。1984年(第60回)大会からは、往路で10分差以上のチームを繰り上げとし復路一斉スタートと定めた。以降は復路一斉スタートが無い年はない。この場合は、自校のタスキをそのまま使用するので、タスキは途切れない。

　一方、6区以外での繰り上げスタートについても、1987年(第63回)から設定されている。2区スタートは、トップ通過から10分差、3区〜5区、7区〜10区のスタートではトップ通過から20分差で足切りされる。つまりトップ走者が通過してから規定時間以内に中継所に到着できないと、走行中の走者を待つことなく、次走者は繰り上げスタートとなる。そのときにはつないできた自校のタスキではなく、大会本部が用意した黄と白のストライプのタスキをかけるため、「タスキが途切れた！」と表現されている。

　繰り上げスタートは、特に上位校がハイペースで飛ばすと起こりやすい。その多くは総合タイム差がつきやすい復路の9区と10区だが、往路の3区と5区、復路の8区スタートで繰り上げになった例もある。

繰り上げスタートの条件

繰り上げスタートとは？
トップ走者から一定時間離れたチームが、前の区間の選手をまたずに走り始めること。「タスキが途切れる」と表現される。

●繰り上げ時間
・2区／10分
・3〜5区、7〜10区／20分
・6区（復路スタート）／10分

> タイムはそのまま加算され、参考記録などにはならない。

※6区は自チームのタスキが使えるため、「タスキが途切れた」とはならない。

トップが独走すると、繰り上げスタートが多くなる！
6区での繰り上げスタート　ワースト5

❶	16チーム ／1994年（第70回）
❷	14チーム ／2015年（第91回）
❸	13チーム ／2012年（第88回）、2014年（第90回）、2016年（第92回）

接戦だと、繰り上げスタートは少なくなる！
6区での繰り上げスタート　ベスト7

①	2チーム ／2000年（第76回）、2009年（第85回）、2013年（第89回）
②	4チーム ／1992年（第68回）、2002年（第78回）、2005年（第81回）、2006年（第82回）

6区以外で繰り上げスタートがなかった年は、1987年以降はわずか5年しかない。

関連項目

●見た目の順位と異なる復路のタイム計算→No.027　●タスキに込められた想いとは？→No.045

No.027
見た目の順位と異なる復路のタイム計算

繰り上げスタートが行われると、見た目の順位やタイムに繰り上げ分が加算されることになる。復路ではその計算も入れる必要がある。

●復路で必ず必要になる繰り上げスタートしたチームのタイム計算

　先頭走者から一定の時間が経過して繰り上げスタートが行われると、その分のタイム差が総合結果に加算される。そこで繰り上げスタート以降は見た目の走行順位と実際の順位やタイム差が異なることになる。

　特に先頭チームが圧倒的な速さで快走する年は、繰り上げスタートも多くなる。例えば20チームで競われた1994年(第70回)は、まれに見るハイペース展開だった。山梨学院大学は、2区でトップを奪ってから、往路復路総合の完全優勝を初めて総合11時間を切るタイムで成し遂げる。なんと3区では早くも4校が繰り上げスタートとなり、5区のフィニッシュでは実に16校が10分以上の差をつけられ、復路6区で10分差での一斉スタートとなった。そのため、復路では上位4校以外は、見かけの順位と総合順位が異なる戦いとなった。さらに復路の8区、9区、10区でも、下位校は再度の繰り上げスタートとなり総合順位の計算は、さらに複雑なものとなった。

　こういった実順位と見かけの順位が異なるケースは、総合優勝争いには関わらないが、もっとも影響を受けるのが中位チームのシード権争いだ。現在、上位10チームに翌年の予選会免除となるシード権が与えられるが、繰り上げスタートが多い年は、大手町に10番目以内にフィニッシュしてもタイム計算の結果で11位以下に沈み、シード権を失うこともあるからだ。

　この状況は、チームや観戦者に混乱をきたしやすいが、1987年から箱根駅伝のテレビ生中継を手掛けた日本テレビは、解決策を生み出した。コンピュータによる「MESOC」と名づけた速報システムを導入し、走っている選手の走行距離やタイムだけでなく、繰り上げスタートによる真の順位やタイム差などもリアルタイムに計算した。現在では、視聴者は真の総合順位やタイム差をテレビで見ながら、レース観戦を楽しめるようになった。

復路の計算方法

復路の計算は複雑！

往路でトップとのタイム差が10分以上の場合

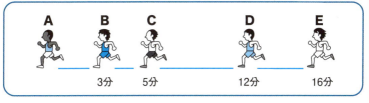

復路スタートは繰り上げスタートとなる

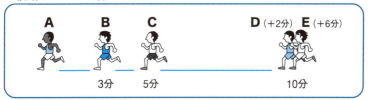

復路でDとEががんばって前走者を追い越すこともある

しかし繰り上げのタイム差を加算すると、順位は以下となる。

繰り上げの隠れタイム差はシード権争いで重要になってくる。

関連項目

- 3つの勝利がある箱根駅伝→No.024
- タスキが途切れる繰り上げスタート→No.026
- シード校制度でレースの面白さが倍増→No.028

No.028
シード校制度でレースの面白さが倍増

箱根駅伝の魅力を倍増させたのが翌年の予選会が免除されるシード校制度。現在は20チーム中上位10位までにシード権が与えられる。

●シード校は本戦での上位10校

　翌年の箱根駅伝本戦に予選会免除で出場できるシード校制度は、1957年(第33回)から導入された。前年度の本戦に出場した15校の中で上位10校にシード権が与えられた。予選会が免除されることは、チームの年間スケジュールや強化プラン、また他の大会との兼ね合いなども考えると非常に有利に働くため、シード権の獲得は大きな目標となった。シード校制度が導入されてからしばらくは上位10校だったが、1972年(第48回)からは上位9校に変更となり、予選会枠が6チームに。さらに本戦出場チームが19校＋関東学連選抜チームに拡大された2003年(第79回)からは、シード権は前年上位10位までに戻され、残り9チームが予選会からの出場となった。2015年(第91回)からは本戦出場チームが20校＋関東学生連合チームに拡大されたが、シード校上位10校は変わっていない。関東学生連合チームが10位以内に入った場合もそれを除く10校にシード権が与えられる。

●中位校も最後までモチベーションが続くシード校制度

　シード校制度が導入されたおかげで、本戦レースはより面白いものとなった。総合優勝を狙うのは当然だが、往路で大きく差がついてしまうと、優勝争いを行うのは一部の上位校に限られてしまう。そうなると特に復路で多くの選手がモチベーションを保つことが難しい。しかし10位以上というシード校枠を狙うために、中位校はたとえ先頭とは逆転が難しい差がついたとしても、レースへのモチベーションを最後まで維持できる。それは観戦者から見ても同様で、上位校による優勝争いに加えてシード校争いがレース終盤でのもう一つの見どころとなった。いわば箱根駅伝の面白さを倍増させたのが、シード校制度の導入といっても過言ではない。

シード校制度

レース中位を盛り上げるシード校制度

◎シード校のメリット

① 翌年の本戦出場が約束されるので、チーム強化策を立てやすい。
② 過酷な予選会を勝ち抜かなくてもすむ。
③ 予選会と時期が近い大会（出雲駅伝や全日本大学駅伝）に力を向けられる。
④ 強豪校としての目安となり、ステイタスが上がる。

シード権の獲得は中堅校の大きな目標！

◎シード校制度の面白さ

● 先頭からタイム差がついても、選手のモチベーションが続く。
● 観客も上位争いに加え、シード権争いにも注目！

箱根駅伝の人気を支える大きな要素の一つ

シード権獲得回数 ベスト5		
1位	51回	日本大学
		中央大学
3位	48回	日本体育大学
		順天堂大学
5位	42回	早稲田大学

連続シード出場回数 ベスト5		
1位	36回	日本体育大学
2位	32回	順天堂大学
3位	30回	日本大学
4位	28回	中央大学
5位	24回	大東文化大学

関連項目

● 箱根駅伝に出場できる大学は？→No.022
● 予選会とはどんな大会？→No.029
● 駅伝選手の1年間のスケジュール→No.085

No.029
予選会とはどんな大会？

箱根駅伝の予選会は、今ではそれそのものがテレビで報道されるイベントに成長した。エントリー選手上位10名の記録総計で競われる。

●予選会は狭き門

　予選会制度が導入されたのは、戦後の再開となった1947年（第23回）大会からで、前年の1946年12月1日に行われた関東大学高専10マイル（約16km）レースを、箱根駅伝の予選会と兼ねた。当初は本戦出場全チームが予選会を走ったが、1955年（第31回）までは本戦エントリー校が15校以下のため全チームが本戦に進んだ。初めて振るい落としが行われたのは第32回大会の予選会で、19校中4校が涙を飲んだ。また翌年の第33回大会からはシード校制度が導入され予選は狭き門となる。直近の第93回大会の予選会では50校が出場し、その中の10校が本戦出場の切符を手に入れた。

　予選会のコースは、1964年に実施された第41回の予選会から距離が20kmに変更される。コースは、都内郊外の井の頭公園や石神井公園を含むロードコースから、検見川ロードレースコース、八王子富士森競技場周辺、大井埠頭周回コースなどを経て、国営立川昭和記念公園が使われるようになった。現在は隣接する陸上自衛隊立川駐屯地内の滑走路を周回し、立川市内を経て昭和記念公園内をフィニッシュとする20kmのコースだ。

　競技方法も変遷を繰り返してきたが、基本的には1チーム10名個々のタイム合計で競う。現在は1チーム12名までの出場で、そのうち上位10名のタイムが対象だ。また予選会に出場できるのは、5000m走や10000m走での基準タイムを上回る選手に限られる。そのため、最低でも基準タイムをクリアした選手を10名揃えなければ、予選会に出場することはできない。

　予選会を勝ち抜いても本戦では厳しい戦いが待ち受けるが、過去に2回、1997年（第73回）の神奈川大学と2013年（第89回）の日本体育大学が、予選会から本戦総合優勝の下剋上を果たしている。最近は予選会そのものが注目され、こちらも生中継でテレビ放映されるほどの人気になった。

予選会のルール

予選会とは？
箱根駅伝の本戦出場権をかけて争うレース。50校近くが参加し、上位10校が本戦に出場できる。

◎現在の予選会ルール（2016年現在）

- **開催時期** / 本戦の2か月以上前。10月中旬の日曜日に設定される。
- **コース** / 陸上自衛隊立川駐屯地～立川市街地～国営昭和記念公園の20km
- **参加資格** / 関東学生陸上競技連盟男子登録者で、予選会と本大会出場回数が4回未満であるもの。また、トラックで5000m16分30秒00か10000m34分00秒00のいずれかの公認記録をクリアしたもの。
- **参加人数** / 1チーム10名以上最大12名
- **競技方法** / 各チーム上位10名のタイム総計。上位10チームが本戦出場。
- **制限時間** / 1時間20分

参加者全員が一斉に走り、チーム上位10人の合計タイムが少なかったチームが勝ち！

◎予選会のコース（2016年現在）

予選会を勝ち上がり、総合優勝を果たしたチームもいる！

関連項目
- 箱根駅伝に出場できる大学は？→No.022
- シード校制度でレースの面白さが倍増→No.028

No.030
箱根駅伝の歴史① 黎明期 1920〜1929

1920年（大正9年）に始まった箱根駅伝。東京の中心地から箱根芦ノ湖の往復を2日間10区間で競うスタイルは黎明期から変わっていない。

●早稲田大学と明治大学が覇権を争った黎明期

　1920年の第1回箱根駅伝は、東京高等師範学校・明治大学・早稲田大学・慶應義塾大学の4校参加による四大校対抗駅伝競走として始まった。翌年の第2回には東京農業大学・法政大学・中央大学が加わった七大校対抗駅伝競走となり、その後は日本大学・日本歯科医学専門学校（現・日本歯科大学）・東大農学部実科が参加し、箱根駅伝の黎明期を飾った。

　都内から箱根芦ノ湖までを往復するコースを10区間に分け、2日間で競うスタイルは、第1回から今に至るまで変わっていない。ただし当時は、中継所は設定されたものの走るルートは必ずしも固定されたものではなく、間道を抜けていつの間にか順位が逆転するようなこともあったという。また、箱根の5区と6区のみは、道が悪く車両での伴走が難しかったために、仲間が伴走してサポートすることが許されていた。大正時代から昭和時代へと移り変わるこの時期、今と比べればルールもかなり大雑把で、おおらかな時代だった。また1923年の関東大震災の影響で第5回大会の開催が危ぶまれたこともあったが、そこを乗り切り箱根駅伝の基礎が築かれた。

　第1回は、創始者である金栗四三（かなぐりしそう）の母校であった東京高等師範学校が優勝する。その年に開かれたアントワープオリンピックにも出場した大浦留市（5区）、茂木善作（10区）をはじめ、金栗門下の選手が揃っていたためだ。しかしその後は、のちに政治家となり日本陸連会長にも名を連ねた河野一郎・謙三兄弟を擁した早稲田大学、さらに6回出場して5回の区間賞を獲得（5区では3回）した八島健三が引っ張る明治大学が頭角を現す。第10回大会までに早稲田大学は3勝、明治大学は5勝をあげ覇権を競い合ったのだ。また1926年（第7回）は、中央大学が10区での明治大学の猛追をかわし初優勝。その後14回に及ぶ総合優勝記録への第一歩を踏み出した。

箱根駅伝の歴史①黎明期

年	回	総合優勝
1920	第1回	東京高師
1921	第2回	明治
1922	第3回	早稲田
1923	第4回	早稲田
1924	第5回	明治
1925	第6回	明治
1926	第7回	中央
1927	第8回	早稲田
1928	第9回	明治
1929	第10回	明治

第1回大会開催！
第1回大会は四大校対抗駅伝競走として始まる。参加校は東京高等師範学校・明治大学・早稲田大学・慶應義塾大学。

中断の危機を乗り越える
1923年9月の関東大震災の影響で中止の危機が訪れたが、道路の復旧が間に合い無事に第5回大会開催。

大正天皇崩御で4月開催
1926年12月に大正天皇が崩御され日本全国が喪に服したため、昭和初の大会となる第8回は4月9～10日開催に。

この当時使われていたマラソン足袋。地下足袋を元に競技用に開発され、オリンピック出場した日本人選手も使っていた。

関連項目

●黎明期に起こった珍事件→No.017
●箱根駅伝の生みの親・金栗四三→No.019
●伝統校とは？→No.037

No.031
箱根駅伝の歴史② 戦前戦中期 1930～1943

昭和初期から第二次大戦までは、早稲田大学と日本大学の黄金期となった。しかし戦争の足音が迫り箱根駅伝も中断を余儀なくされる。

●学生スポーツの祭典として定着するも、戦争で無念の中断

　1930年代の箱根駅伝は、早稲田大学の黄金期で幕をあけた。1930～1931年に連覇、そして1933～1934年を連覇と総合4勝をあげている。しかし、その間に割って入ったのが、1932年(第13回)の慶應義塾大学。大阪から特別参加の関西大学を含めた9校で競われた大会で、最終10区を3位で託された北本正路が、先行する早稲田大学と日本大学を抜き去る快走。悲願の優勝を大逆転で飾った。大学野球では早慶戦がすでに熱狂的な人気を博していたが、箱根駅伝でもまたライバル校対決に沸き上がったのだ。

　1935年からは、それまで徐々に力を蓄えていた日本大学が黄金期を迎える。1935～1938年を4連覇。さらに1940年(第21回)と1943年(第22回)も制する。しかも1943年を除き往路優勝と復路優勝も果たす完全優勝で君臨したのだ。一方1939年(第20回)を制したのは箱根参戦6年目の専修大学。この年は早稲田・明治・慶應といった優勝経験校が不参加となった中で、専修大学をはじめ立教大学、東洋大学、拓殖大学、横浜専門学校(現・神奈川大学)といった1933年以降に参戦した新勢力が奮闘した。

　しかし、1937年には日中戦争が始まり、1939年には欧州で第二次大戦に突入。大学スポーツとして確固とした地位を築いてきた箱根駅伝も、その波には勝てなかった。ついに1941年と1942年は東海道の道路使用が認められず中止(代わりに「東京青梅間大学専門学校鍛錬縦走大会」が開催された)。それでも箱根を熱望する学生の気持ちが1943年の第22回大会につながった。東京・靖国神社をスタートとし、箱根神社を折り返しとする「靖国神社・箱根神社往復関東学徒鍛錬縦走大会」の名前での開催となった。当初は箱根駅伝の歴史から除外されていたが、関東学生陸上競技連盟の主催大会であったとして、後年に正式な大会として記録されるようになった。

箱根駅伝の歴史②戦前戦中期

年	回	総合優勝
1930	第11回	早稲田
1931	第12回	早稲田
1932	第13回	慶應義塾
1933	第14回	早稲田
1934	第15回	早稲田
1935	第16回	日本
1936	第17回	日本
1937	第18回	日本
1938	第19回	日本
1939	第20回	専修
1940	第21回	日本
1943	第22回	日本

早稲田大学の黄金期

1930年〜1935年の間に、総合2連覇を2回で計4勝。伝統校の基礎を作り上げる。

日本大学の黄金期

4連覇を含む総合6勝を果たし、そのうち5回は往路復路も制する完全優勝。戦前の強豪校として君臨する。

戦争による箱根駅伝中断

1937年に始まった日中戦争から太平洋戦争につながる時代、東海道の使用許可が得られずついに1941年に歴史が途切れる。

学生の執念で開催した戦中の大会

1943年の第22回は、戦意高揚の特別大会として開催。靖国神社と箱根神社を結ぶコースで戦われた。

関連項目

●伝統校とは？→No.037　　●歴史ある関東学生陸上競技連盟→No.076

No.032
箱根駅伝の歴史③ 戦後復興期 1947～1964

戦争による中断を経て再開された箱根駅伝は戦後の復興とともに人気を得ていった。予選会やシード校制度などもこの時期に始まった。

●中央大学が牽引した戦後復興期

　第二次大戦によって中断を余儀なくされた箱根駅伝が再開されたのは、終戦後1年余を経た1947年。10校の参加により開催された第23回は、まさに新時代の幕開けとなる大会となった。伝統校に加え東京体育専門学校（現・日本体育大学）が参加し競った大会は、初めて予選会制度が導入されたことでも記憶されている。ただし本戦出場校の上限を15校と定めたが、実際に予選会参加が15校を超えるのは10年後の1956年（第32回）大会まで待たねばならなかった。この10年間は、まさに日本の戦後復興期であり、箱根駅伝の参加校が増えたのは社会の復興が進んだ証でもあった。さらに参加校が15校を超えたことから、翌1957年（第33回）からは前年の上位10校をシード扱いにするシード校制度も始まる。また、戦後の学校教育法の制定で大学は4年制に改められ、1人の選手が出場できる回数も4回に制限された。1953年（第29回）からはラジオによる実況中継も始まり、単なる学生レースの枠を超えた一大イベントとして確立されていく。

　1964年（第40回）までの戦後復興期は、中央大学が君臨し大学陸上界を牽引した時代でもあった。1947年（第23回）は、伝統校・明治大学が制したが、1948年（第24回）には中央大学が22年ぶり2回目の優勝を飾り、その後の17年間に中央大学は実に総合12勝もの圧倒的な強さを誇ることになる。特に1959年（第35回）から1964年（第40回）までは総合6連覇を果たし、その記録はいまだ破られていない。その中心選手となったのが、1961年から1964年まで4年連続出場し、2区で2回、4区で1回の区間新記録を記録した岩下察男。彼は1964年の東京オリンピックにも5000mで出場している。彼に加え渡辺和己（10000m）、横溝三郎（障害）、猿渡武嗣（障害）と計4人が、中央大学黄金期から東京オリンピックに出場を果たした。

箱根駅伝の歴史③戦後復興期

年	回	総合優勝
1947	第23回	明治
1948	第24回	中央
1949	第25回	明治
1950	第26回	中央
1951	第27回	中央
1952	第28回	早稲田
1953	第29回	中央
1954	第30回	早稲田
1955	第31回	中央
1956	第32回	中央
1957	第33回	日本
1958	第34回	日本
1959	第35回	中央
1960	第36回	中央
1961	第37回	中央
1962	第38回	中央
1963	第39回	中央
1964	第40回	中央

予選会の開始
戦後復活となった1947年から予選会が始まった。

ラジオ実況中継の始まり
1953年には、NHKによるラジオ実況中継がはじまる。

シード校制度の制定
参加校が15校を超えた翌年の1957年から、シード校制度が導入される。

中央大学6連覇
戦後から1964年までの18年間に中央大学は総合12勝。特に1959〜1964年は6連覇の金字塔を打ち立てた。

東京オリンピック開催
1964年に開催された東京オリンピックには、6名の箱根駅伝経験者が出場。うち4名が中央大学の選手だった。

関連項目
- 箱根から世界に羽ばたいたランナーたち→No.015
- 箱根駅伝に出場できる選手は？→No.023
- シード校制度でレースの面白さが倍増→No.028
- 予選会とはどんな大会？→No.029
- 人気上昇とともに増加した参加チーム→No.036
- 箱根駅伝を全国区にしたラジオ実況中継→No.081

No.033
箱根駅伝の歴史④ 高度成長期 1965～1985

1964年の東京オリンピックを経て、箱根駅伝も新しい時代に突入する。戦後から参加した新興校が相次ぎ優勝し、勢力図を塗り替えた。

●戦後から参加した新興校が台頭

　時代は高度成長期の真っ只中で、東京オリンピックを経て日本のスポーツ界も大きく変化し飛躍を遂げる。箱根駅伝もその例外ではなく、戦後から参加した新たな大学たちが台頭した。1966年（第42回）には、参加9年目の順天堂大学が初優勝を遂げる。5名が区間新を出し総合タイムも大幅に縮めたが、このとき2区走者としてチームを引っ張ったのが、のちに母校の監督として歴代トップの9勝をあげることになる澤木啓祐だった。

　次いで1969年（第45回）～1973年（第49回）には、日本体育大学が5連覇し黄金期を築きあげる。チームを率いたのは自身も学生時代に箱根駅伝4回出場を果たした岡野章監督。1963年に監督就任後、あふれる情熱と新しいアイデアをチームに注ぎ込み、後一歩優勝に届かなかった母校に悲願の栄冠をもたらす。岡野監督は、この5連覇を含め監督として歴代2位の8勝をあげる名将となった。さらに1975年（第51回）～1976年（第52回）は大東文化大学が連覇。参加5年目の1972年に3位、その後2年間の2位を経て頂点に立つ。その原動力となったのが、元祖山の神ともいえる大久保初男。在学中4年連続5区を走り4年連続区間賞そして区間新を2回記録している。3年連続下りの6区で好成績を上げた金田五郎の活躍と併せ、「山の大東」と呼ばれて一躍強豪校の仲間入りを果たした。

　これらの大学は、当時は「新興校」と呼ばれたが、それに対し「伝統校」の意地を見せたのが早稲田大学。1977年からの4年間、日本最高のマラソンランナーといわれた瀬古俊彦を擁しても新興校の壁を破れなかったが、ついに1984年（第60回）～1985年（第61回）に連覇し、復活を印象づけた。

　また1979年からはテレビ東京（当時は東京12チャンネル）により、ダイジェスト＆フィニッシュ実況のスタイルで、初のテレビ放送も始まった。

箱根駅伝の歴史④高度成長期

年	回	総合優勝
1965	第41回	日本
1966	第42回	順天堂
1967	第43回	日本
1968	第44回	日本
1969	第45回	日本体育
1970	第46回	日本体育
1971	第47回	日本体育
1972	第48回	日本体育
1973	第49回	日本体育
1974	第50回	日本
1975	第51回	大東文化
1976	第52回	大東文化
1977	第53回	日本体育
1978	第54回	日本体育
1979	第55回	順天堂
1980	第56回	日本体育
1981	第57回	順天堂
1982	第58回	順天堂
1983	第59回	日本体育
1984	第60回	早稲田
1985	第61回	早稲田

順天堂大学初優勝

1966年に戦後から参加した順天堂大学が優勝。この時の中心選手・澤木啓祐が1973年に監督に就任し、強豪校として定着。

日本体育大学の黄金期

母校を率いた岡野章監督が新しいアイデアと情熱を注ぎみ鍛えたチームが、歴代2位となる5連覇を飾る。

山の大東

大東文化大学は、5区で4年連続区間賞の元祖山の神・大久保初男や、下りのスペシャリスト金田五郎の活躍で2連覇。「山の大東」と呼ばれる。

テレビ東京による、箱根駅伝の初テレビ中継

1979年から1986年まで、関東ローカル局のテレビ東京が箱根駅伝を中継。1月3日にそれまでのダイジェストとフィニッシュ生中継を行うスタイルで放映。

関連項目

●伝統校とは？→No.037　　●不可能を克服したテレビ実況中継→No.082

No.034
箱根駅伝の歴史⑤ テレビ中継期 1986〜2002

伝統を重んじる箱根駅伝にも新しい時代の流れによる変革が訪れた。テレビによる全国規模の実況生中継と、留学生ランナーの登場だ。

●テレビ生中継と留学生の導入で大きく様変わりした90年代

　1986年(第62回)からの順天堂大学4連覇、そして1990年(第66回)からの大東文化大学の連覇と、新興校の活躍が続く時代だが、箱根駅伝を大きく変える変革があった。それは1987年から始まった、日本テレビによる2日間の生中継番組だ。それまでのテレビ東京の番組は関東ローカルネットであったが、日本テレビは全国ネットワークでの放送となった。それまではラジオの実況中継を通して知られていた箱根駅伝だが、一気に日本全国のお茶の間に浸透していき、箱根駅伝の人気を確固たるものに押し上げる。今でも毎年30％近い視聴率を誇る、日本の正月には欠かせないイベントにまで成長した。また関東の大学にとっては、ここで活躍することが全国の受験生へのPRに直結するようになった。その結果、陸上部の強化に力を入れる大学が増え、ユニフォームデザインをテレビ映りがいいデザインに変えたりするなどの工夫を施す大学もあった。

　もう一つの大きな変革が、留学生ランナーの登場だ。1989年(第65回)に山梨学院大学がケニアからの2名の留学生を出走させた。留学生の効果は他の日本人部員の底上げにもつながって急速に力をつけ、ついに1992年、創部6年目にして総合優勝を勝ち取るまでになった。同校が箱根駅伝に参戦したのは、くしくも日本テレビによる実況中継が始まった1987年であり、まさに新時代の箱根駅伝の申し子といえる。

　1997年(第73回)には、戦前から前身となる横浜専門学校として参戦していた神奈川大学が29回目の本戦出場で念願の初優勝。翌年も連覇を飾る。そして20世紀の最後の年となる2000年(第76回)には、1967年から箱根駅伝本戦に出場を続けた駒澤大学が、34回目の挑戦でついに栄冠を勝ち取る。来る21世紀、新たな時代の幕開けを告げる優勝となった。

箱根駅伝の歴史⑤ テレビ中継期

年	回	総合優勝
1986	第62回	順天堂
1987	第63回	順天堂
1988	第64回	順天堂
1989	第65回	順天堂
1990	第66回	大東文化
1991	第67回	大東文化
1992	第68回	山梨学院
1993	第69回	早稲田
1994	第70回	山梨学院
1995	第71回	山梨学院
1996	第72回	中央
1997	第73回	神奈川
1998	第74回	神奈川
1999	第75回	順天堂
2000	第76回	駒澤
2001	第77回	順天堂
2002	第78回	駒澤

全国規模のテレビ実況生中継開始

1987年から日本テレビが2日間にわたる実況生中継を開始する。箱根駅伝の人気は全国規模となり、正月に欠かせないものとなった。

留学生ランナーの活躍

1989年から留学生ランナーを投入した山梨学院大学は、1992年に初優勝。1994〜1995年も連覇を飾る。

神奈川大学62年かけての初優勝

1936年に前身となる横浜専門学校として初出場してから29回目の本戦出場で、ついに初優勝を遂げる。

20世紀最後を飾る駒澤大学

1967年から本戦に連続出場してきた駒澤大学が、ついに優勝。21世紀へ新たな扉を押し開ける。

関連項目
- アフリカからやってきた留学生の衝撃→No.016
- 不可能を克服したテレビ実況中継→No.082
- 箱根駅伝の人気を決定づけたテレビ中継→No.083

No.035
箱根駅伝の歴史⑥ 拡大改革期2003～2016

2003年から本戦参加校枠が拡大され、箱根駅伝は新たな時代に突入した。また有力校の勢力図が大きく変わり、山の神が人気を博した。

●本戦参加校が増加し、上位を争う有力校の顔ぶれも変わった

21世紀に入って3年目の2003年(第79回)、箱根駅伝では新世紀にふさわしい大きな改革が施された。戦後復活の1947年に本戦出場校が15校と定められて以来、記念大会を除いて維持されてきた出場枠が19校に広げられたのだ。さらに本戦出場を逃した大学の選手を選抜した関東学連選抜チームも初めて結成され、参考記録としての参加ながらも箱根路を走る門戸がより多くの選手に開かれることになった。この関東学連選抜チームは、2007年(第83回)から2013年(第89回)までは正式な参加チームとなり、計20チームでの戦いが定着する。第90回記念大会で一度は廃止されるが、2015年(第91回)からは関東学生連合チームとして参考参加ながらも復活。現在は参加20校＋関東学生連合チームが箱根路で競い合っている。

また上位を争う有力校の顔ぶれも大きく変わった。駒澤大学の躍進は著しく、順天堂大学との熾烈な紫紺対決を制し2002年(第78回)から4連覇を果たす。有力校が拮抗した2006年(第82回)は、先頭走者が6校も入れ替わった混戦を制したのが亜細亜大学。駒澤大学と同じ1967年からの挑戦でついに結果を残した。次いで、初参加が戦前の1933年である古豪・東洋大学も、2009年(第85回)に念願の初優勝。その後連覇を含む4勝をあげ、一時代を創った。そして2015年と2016年に連覇した青山学院大学もまた、初出場が戦中の1943年という長い雌伏の時代を耐えた古豪である。

またこの時代の特徴が、2006年から史上最長の距離に延伸された5区の上りにウエイトが置かれたこと。順天堂大学の今井正人、東洋大学の柏原竜二、青山学院大学の神野大地と、「山の神」呼ばれたエースが誕生し優勝に貢献して人気を集めた。ただし2017年からは、5区の距離は再び短縮される。今後、どんな箱根駅伝に生まれ変わるのか、興味は尽きない。

箱根駅伝の歴史⑥ 拡大改革期

年	回	総合優勝
2003	第79回	駒澤
2004	第80回	駒澤
2005	第81回	駒澤
2006	第82回	亜細亜
2007	第83回	順天堂
2008	第84回	駒澤
2009	第85回	東洋
2010	第86回	東洋
2011	第87回	早稲田
2012	第88回	東洋
2013	第89回	日本体育
2014	第90回	東洋
2015	第91回	青山学院
2016	第92回	青山学院

本戦出場枠が拡大
2003年から出場校19校＋関東学連選抜に。1947年に15校に定められて以来、実に57年ぶりの大改革となった。

駒澤大学黄金期
順天堂大学と紫紺対決を繰り広げながら、4連覇を果たす。

東洋大学の台頭
新・山ノ神と呼ばれた柏原竜二を擁して、戦前からの古豪がついに一時代を築いた。

柏原竜二

本戦枠の再増加と青学の活躍
2015年から本戦枠が20校＋関東学生連合に拡大。同時に青山学院大学が駒澤大学・東洋大学を制して連覇を果たす。

関連項目
- 天下の険に君臨する「山の神」→No.006
- 箱根駅伝に出場できる大学は？→No.022
- 関東学生連合チームとは？→No.042

No.036
人気上昇とともに増加した参加チーム

わずか4校から始まった箱根駅伝の出場校は、その後知名度が上がるとともに増加。現在は20校＋関東学生連合チームで競われている。

●55年間変わらなかった本戦15校枠だが、ついに2003年に拡大した

1920年に箱根駅伝が始まったときの参加校は、わずか4校。"四大校対抗駅伝競走"としてスタートした。翌年は7校に増え"七大校対抗駅伝競走"となり、1922年（第3回）には10校の参加となった。その後、年によって増減したが、1936年（第17回）の14校をピークに、戦争が近づくにつれ減少。戦中の1943年に行われた第22回大会は11校の参加だった。

戦後、1947年に復活を遂げた箱根駅伝は10校からリスタートを切る。このとき、予選会制度が導入され、本戦出場は最大15校と規定されたが、1955年（第31回）までは、エントリーが15校を超えることはなかった。予選会で初めて19校の参加となり落選校が出たのは、1956年（第32回）のことだ。以後、本戦出場枠は15校と変わらないものの、予選会出場校は飛躍的に増えていく。これには1953年から始まったNHKによるラジオの全国中継の影響も大きい。関東ではすでに正月の行事として定着して知名度も上がっていった。また、戦後の混乱期を脱し高度成長期へと向かう時代背景とも重なる。大学の数も増え、陸上人口も増えていった時代だ。

箱根駅伝人気が上がる一方で、本戦出場校は記念大会を除けば15校と変わらなかった。また1957年（第33回）から導入されたシード校制度もあり、予選会からの本戦出場枠はわずか5校。1972年（第48回）からは、予選会からの出場枠は6校に増えるも、予選会参加校の急増にますます狭き門となる。1987年からはテレビによる全国生中継も始まり、人気は全国区に。1993年には、予選会参加校が50校に達した。

1947年以来、55年変わらなかった本戦出場枠15校も、ついに2003年（第79回）から19校＋関東学連選抜の20チームに広げられた。さらに2015年からは20校＋関東学生連合チームの21校に拡大して、今に至っている。

出場校数の増加

門はますます狭くなる

◎本戦出場校数の経緯

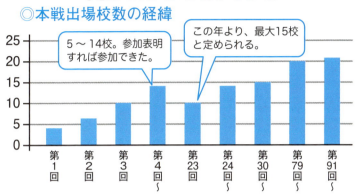

※記念大会、関東学連選抜チーム、関東学生連合チームを除く。

◎予選会出場校数

本戦出場枠は増えるが、予選会出場校もさらに増加！

関連項目
- 箱根駅伝に出場できる大学は？→No.022
- シード校制度でレースの面白さが倍増→No.028
- 予選会とはどんな大会？→No.029
- 関東学生連合チームとは？→No.042

No.037
伝統校とは？

箱根駅伝の歴史を今も感じさせてくれるのが、黎明期から出場した伝統校。そのいくつかは、今でも箱根駅伝の舞台で戦い続けている。

●黎明期に出場し箱根を彩った伝統校

　古くから箱根駅伝に参加し今も活躍を続けている大学を、特に伝統校と呼びリスペクトすることが多いが、どの時代から参加した大学を伝統校とするかについては、実は正式に定まっているわけではない。

　その中でも間違いなく伝統校と呼ばれるのが、黎明期である大正時代から参加した大学だろう。つまり1920年の第1回に参加した、東京高等師範学校（現・筑波大学）、明治大学、早稲田大学、慶應義塾大学。次いで第2回から参加の東京農業大学、法政大学、中央大学。さらに第3回から参加の日本大学、東京帝國大学農学部実科（現・東京農工大学）、日本歯科医学専門学校（現・日本歯科大学）までの10大学だ。

　第1回優勝校の東京高等師範学校は、これまで4回名前が変わった。1930年（第11回）から東京文理科大学、1950年（第26回）から東京教育大学、さらに1975年（第51回）から筑波大学へと改変し現在に至っている。ただし、筑波大学や慶應義塾大学が1994年（第70回）の本戦出場を最後に、予選会突破を果たせていないのは、やや寂しいところ。また東京帝國大学農学部実科は1926年（第7回）、日本歯科医学専門学校1940年（第21回）の本戦出場が最後だ。第60回大会では東京大学が出場しているが、これは伝統校の東京帝國大学農学部実科とは別扱いで、初出場扱いとなっている。

　この10校に次いで古豪と呼ばれるのは、1933年（第14回）から出場した東洋大学と拓殖大学、1934年（第15回）から出場した専修大学、立教大学、そして1936年（第17回）に初出場した横浜専門学校を前身とする神奈川大学だ。これらの大学は、時には伝統校として扱われることもある。2015〜2016年に連覇した青山学院大学も、初出場は戦中の1943年（第22回）。しかし戦後しばらく出場が途絶えたため、古豪のイメージは薄い。

伝統校の定義

伝統校とは？

一般に箱根駅伝に古くから参加し、黎明期を盛り上げた大学。はっきりとした定義があるわけではない。

◎黎明期から参加した最初の10校

大学	初出場	出場回数	優勝回数
東京高等師範	第1回	62回	1回
明治	第1回	58回	7回
早稲田	第1回	85回	13回
慶應義塾	第1回	30回	1回
東大農学実科	第2回	69回	0回
法政	第2回	76回	0回
中央	第2回	90回	14回
日本	第3回	86回	12回
東京農工	第3回	5回	0回
日本歯科	第3回	17回	0回

初出場：第14回　東洋大学／拓殖大学

初出場：第15回　専修大学／立教大学

初出場：第17回　神奈川大学

これらの大学も伝統校として扱われることもある。

関連項目

●箱根の歴史①黎明期→No.030

No.038
歴代出場校の出場回数と連続出場記録

本戦の出場回数は、やはり古くから出場してきた伝統校や古豪が上位に名を連ねる。連続出場記録も併せて2冠に輝くのが中央大学だ。

●出場回数、連続出場ともに、伝統校・中央大学がトップ

　これまで92回の歴史を繰り返してきた箱根駅伝だが、そのすべてに出場した大学は、残念ながら存在しない。もっとも出場回数が多いのは、伝統校の一つである中央大学で、2016年現在で90回もの出場回数を誇っている。中央大学の初出場は、第2回である1921年。その後、関東大震災直後の1924年（第5回）は欠場するも、その翌年の第6回大会から現在まで、実に87回に及ぶ連続出場を続けてきた。出場回数・連続出場記録ともにトップであり、それは誰もが認める偉業だ。しかし、2013年に途中棄権で最下位に沈んで以降はシード権に届かない苦しい戦いが続いてきた。そしてついに、2016年10月に行われた第93回大会予選会で本戦出場を逃し、連続出場記録が途切れることとなったのは残念というしかない。

　次いで出場回数が多いのは、日本大学の86回。さらに早稲田大学の85回、法政大学の76回と、大正期から参加した伝統校たちだ。第5位以下に連なる74回出場の東洋大学、69回出場の東京農業大学、68回出場の専修大学も、いずれも戦前から出場してきた古豪。そして戦後の1948年（第24回）から出場した日本体育大学が、68回出場でこれに続いている。

　連続出場記録については、断トツの中央大学に続くのは、日本体育大学の68回連続が次点に浮上する。日本体育大学は、前身となった日本体育専門学校として初出場を果たした1948年から、現在まで一度も出場記録を途切れさせてはいない。2017年もシード校として出場が予定されている。この他、戦後復興期から高度成長期に登場し強豪と呼ばれるようになった順天堂大学（52回連続）、駒澤大学（50回連続）が3位と4位に連なる。駒澤大学も、初出場からの連続出場記録を更新中だ。これに47回連続の日本大学、44回連続の東洋大学、43回連続の大東文化大学と強豪校の名前が続いている。

歴代出場校の出場回数と連続出場記録

◎出場回数記録トップ10

1位 中央大学 1921年初出場／通算90回
2位 日本大学 1922年初出場／通算86回
3位 早稲田大学 1920年初出場／通算85回

4位	法政大学	1921年	76回
5位	東洋大学	1933年	74回
6位	東京農業大学	1921年	69回
7位	専修大学	1934年	68回
8位	日本体育大学 ※1	1949年	68回
9位	筑波大学 ※2	1920年	62回
10位	明治大学	1920年	58回

※1 前身の日本体育専門学校含む
※2 前身の東京高等師範学校、東京文理科大学、東京教育大学含む

◎連続出場記録トップ5

1位 中央大学 87回連続／1925～2016年
2位 日本体育大学 68回連続／1949～継続中
3位 順天堂大学 52回連続／1958～2009年

4位	駒澤大学	50回	1967～継続中
5位	日本大学	47回	1950～1996年

関連項目
● 無念の大ブレーキと途中棄権→No.010　　● 予選会とはどんな大会？→No.029
● シード校制度でレースの面白さが倍増→No.028　　● 伝統校とは？→No.037

No.039
黄金期を築いた強豪校たち

これまで箱根駅伝で総合優勝の栄冠に輝いたのは16校。そのうち実に12校が連覇を経験したのには、大学レースならではの理由がある。

●黄金期を迎えた大学の連覇が多い箱根駅伝

　2016年まで92回を数える大会の中で、これまで総合優勝を経験したのは16校。本戦に出場したことがあるのは延べ43校だから、総合優勝に至るには険しき茨の道があることは間違いない。中でもこれまで14回の総合優勝を誇る中央大学を筆頭に、13回の早稲田大学、12回の日本大学、11回の順天堂大学、10回の日本体育大学と続き、この5校だけで実に2/3近くを占める。これらの大学は箱根駅伝屈指の強豪校として記憶されている。

　また箱根駅伝では、連覇が多いのが特徴だ。2回以上の総合優勝経験を持つのは12校だが、そのすべてが2連覇以上を記録している。中央大学の6連覇を筆頭に、日本体育大学の5連覇、日本大学、順天堂大学、駒澤大学の4連覇は輝かしい歴史であり、その時代はまさにその大学の黄金期と呼ばれてきた。もちろん、強豪校同士のライバル対決が繰り返された時代もあった。第15回までの黎明期は、5勝をあげた明治大学と7勝をあげた早稲田大学の時代だった。一方ここ10年を振り返ると、連覇を含む4勝の東洋大学を筆頭に、順天堂大学、駒澤大学、早稲田大学、日本体育大学、そして2015～2016年連覇の青山学院大学が覇権を競い合っている。

　連覇が多い理由は、大学生が走るチームレースであることにある。現在では1人の選手で4回の出場が可能なため、抜きんでた選手がいれば最大4年間はアドバンテージを生かすことができる。事実、連覇を果たした強豪チームには核となる選手が存在した。近年でも東洋大学の柏原竜二は、圧倒的な力で箱根の山に君臨しチームを牽引した。2002～2005年に4連覇を果たした駒澤大学では、田中宏樹と塩川雄也の2選手が、4年連続出場＆優勝を果たしチームの核となっている。チーム戦だが、核となる選手の存在なしでは飛躍がありえないのが箱根駅伝だ。

優勝経験校

強豪校はほんの一握り

$$\frac{\text{優勝経験校}}{\text{本戦出場経験校}} = \frac{16}{43}$$

優勝回数	学校	連覇記録
14回	中央	6連覇、2連覇×2回
13回	早稲田	連覇×4回
12回	日本	4連覇、2連覇×3回
11回	順天堂	4連覇、2連覇×1回
10回	日本体育	5連覇、2連覇×1回
7回	明治	2連覇×2回
6回	駒澤	4連覇
4回	大東文化	2連覇×2回
4回	東洋	2連覇×1回
3回	山梨学院	2連覇×1回
2回	神奈川	2連覇×1回
2回	青山学院	2連覇×1回

連覇が多くなる理由

・核となる抜きんでた選手がいれば、最大4年間はアドバンテージが持てる。

チーム戦だが、飛躍には核となる選手が必要！

関連項目

●天下の険に君臨する「山の神」→No.006

No.040
簡単ではない完全優勝

箱根駅伝で圧倒的な強さの証とされるのが、往路・復路・総合をすべて制覇する完全優勝1。そして全区間でトップを保つ完全優勝2だ。

●真の強豪校の証である完全優勝

　箱根駅伝において、完全優勝と呼ばれるのは2段階ある。まず「完全優勝1」と称されるのが、往路優勝、復路優勝のいずれも遂げたうえで総合優勝に輝くケースだ。箱根駅伝では、それぞれの時代に君臨した強豪校があり、有力選手も集まりやすい。そこで往路復路総合の完全優勝は、けして簡単ではないながらも少なくない。2016年までの92回の大会の中で、完全優勝1が達成されたのは実に41回もある。特に戦前から戦後昭和高度成長期時代にかけて覇権を競い合った中央大学と日本大学は、それぞれ9回ずつの完全優勝1を果たしており、往年の黄金期における飛び抜けた強さをうかがい知ることができる。また、往路・復路・総合のそれぞれでそれまでのタイム記録を塗り替える完全新記録優勝も、6校によって延べ10回達成されており、近年では2012年（第88回）の東洋大学と、2015年（第91回）の青山学院大学が達成している。

　一方、さらなる圧勝の証とされるのが、1区から10区までのすべてを1位通過しての総合優勝で、これは公式記録でも「完全優勝2」として特に区別している。これはこれまでに11回記録されているが、中央大学の6回が飛び抜けており、次いで日本大学が2回、残りは早稲田大学、日本体育大学、青山学院大学が1回ずつ達成している。2016年（第92回）に青山学院大学が完全優勝2を果たしたのは記憶に新しいが、その前の達成は1977年（第53回）の日本体育大学で、実に39年ぶりの快挙だった。

　さらに「完全優勝3」ともいうべき、いまだ達成されていない夢の優勝もある。それは1区から10区まで、すべて区間賞を取っての完全優勝だ。後一歩まで迫ったのは1951年（第27回）の中央大学で、9区間で区間賞を取り優勝。前年の1950年にも8区間で区間賞と圧倒的な強さを誇った。

完全優勝の定義

◎完全優勝1

往路優勝・復路優勝・総合優勝の3冠独占。
これまで11校、延べ41チームが達成！

回数	学校
9回	中央大学、日本大学
5回	早稲田大学、日本体育大学
3回	順天堂大学、東洋大学
2回	駒澤大学、青山学院大学
1回	大東文化大学、山梨学院大学、神奈川大学

◎完全優勝2

1区からすべてトップ通過。
これまで5校、延べ11チームが達成！

回数	学校
6回	中央大学
2回	日本大学
1回	早稲田大学、日本体育大学、青山学院大学

◎完全優勝3

1区からすべて区間賞でトップ通過。

いまだ達成されていない！

中央大学が第27回に達成した9区間での区間賞獲得が最高。

関連項目
●3つの勝利がある箱根駅伝→No.024　　●個人記録と区間賞・区間新→No.025

No.041
混戦から生まれた珍記録

完全優勝が圧勝の証だとすれば、混戦の証となる記録もある。混戦を制しての総合優勝は、観客にとっては記憶に深く残る好勝負だ。

●混戦故に生まれた珍記録

　完全優勝とは逆に、往路優勝・復路優勝はともに逃したものの総合優勝に輝いた例も、これまでに7回ある。もっとも最近の例としては、2006年（第82回）で、往路優勝を順天堂大学、復路優勝を法政大学がとりながら、総合優勝をさらったのは往路6位復路2位の亜細亜大学だった。これは順天堂大学が復路10位と沈み法政大学も往路15位と振るわなかったことも一因だが、トップが6度も入れ替わる混戦から生まれた結果だ。走る選手たちは大変だが、観客からすれば見ごたえのあるレースとなった。

　混戦の記録としては、一度も区間賞を獲得せずに総合優勝を果たしたレアケースもある。1943年（第22回）の日本大学だ。この年の復路は、日本大学と慶應義塾大学、法政大学の三つ巴の争いとなったが、例年より距離が長かった最終10区で日本大学・永野常平が快走し、9区での2分10秒差を覆しての逆転優勝となった。ただし総合4位の中央大学10区・平井文夫が永野を上回る激走で区間賞を獲得したため、この珍記録が生まれたのだ。

　混戦を示す記録としては、総合タイムでの2位との僅差優勝にも注目してみたい。これまでもっとも僅差だったのは、2011年（第87回）の早稲田大学で、2位の東洋大学とわずか21秒差。早稲田の1区・大迫傑が奪ったトップを5区で新山の神・柏原竜二に奪われる。それでも6区で再びトップを奪い返し、東洋大学を辛くも抑えての薄氷の勝利だった。ちなみに早稲田大学の区間賞は大迫のみで、対する東洋大学は4区間で区間賞だった。

　また完全優勝を果たしながらも、実は混戦だったこともある。1964年（第40回）の中央大学は、5区で日本大学を逆転し往路優勝、6区で日本大学に再逆転を許し9区までは2位で追走。10区に再再逆転し、結果として復路優勝も含む完全優勝1に輝くという、混戦を制しての勝利だった。

混戦から生まれた珍記録

総合力が生んだ不思議な記録

◎往路・復路で優勝しなくても総合優勝

	総合優勝	往路優勝	復路優勝
第2回	明治大学	早稲田大学	東京高等師範学校
第13回	慶應義塾大学	日本大学	早稲田大学
第22回	日本大学	慶應義塾大学	専修大学
第50回	日本大学	東京農業大学	大東文化大学
第58回	順天堂大学	日本体育大学	早稲田大学
第71回	山梨学院大学	早稲田大学	中央大学
第82回	亜細亜大学	順天堂大学	法政大学

◎区間賞を一度もとらずに総合優勝

第22回の日本大学の一度のみ。

> 区間賞1回での総合優勝は5回ある。

◎デッドヒートでも完全優勝　1964年（第40回）

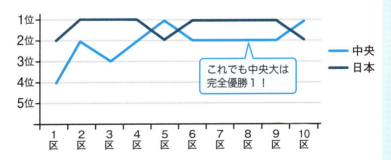

これでも中央大は完全優勝1！

関連項目
- 天下の険に君臨する「山の神」→No.006
- 3つの勝利がある箱根駅伝→No.024
- 個人記録と区間賞・区間新→No.025
- 簡単ではない完全優勝→No.040

No.042
関東学生連合チームとは？

チームとしては出場がかなわなかった有力選手を選抜した関東学生連合チーム。これまでには意地を見せて注目を集めたこともある。

●関東学連選抜チームとして誕生し、関東学生連合チームに名称変更

　2015年(第91回)からは、本戦出場20チームに加えて関東学生連合チームが出場している。関東学生連合チームとは、予選会で箱根駅伝の本戦出場を逃した大学の選手たちによる選抜チームだ。予選会でタイムの良かった上位から、各大学1人ずつ計16名が選出される。ただし、過去に本大会出場2回以上の選手や留学生は選考から除外される。また、関東学生連合チームの監督は、予選会で次点となった大学の監督が務める。チーム自体はオープン参加の扱いであり、個人記録も含めて参考記録として扱われることになる。

　選抜チーム制度は、2003年(第79回)に、本戦出場チームが15校から19校に拡大したときに併せて導入された。当時は関東学連選抜チームと呼ばれ、チーム成績はオープン参加で参考記録となったが、一方選手個人の成績は正式記録として区間順位も記録に残された。これが2007年(第83回)からは、関東学連選抜チームも正式参加とされ、チーム・個人ともに正式に順位が記録された。チーム成績では2008年(第84回)に総合4位に食い込み周囲を驚かせ、翌年にも総合9位となった。この場合、翌年のシード権は9校に減りその分予選会枠が増やされた。2014年の90回記念大会では、本戦出場23校枠のため関東学連選抜チームは一度廃止される。しかし惜しむ声も多く、2015年より関東学生連合チームと名前を変えて復活した。

　これまで選抜チームで出場した選手の中には、のちに最強の市民ランナーとして知られるようになった川内優輝がいる。2007年と2009年の2回とも6区走者として出場し、これまでに箱根駅伝に出場した唯一の学習院大学生となった。また2004年の80回記念大会では、日本学連選抜チームの5区に出場した筑波大学の鐘ヶ江幸治が区間賞を獲得する快走を見せた。

関東学生連合チームとは

関東学生連合チームとは？
本戦出場を逃した大学の選手たちによる選抜チーム。予選会でタイムの良かった上位から、各大学1人ずつ計16名が選出。

●2003年（第79回）、2005（第81回）～2006年（第82回）
名称：関東学連選抜チーム
記録：チームは参考記録だが、個人記録は正式に残る。

●2004年（第80回）
名称：日本学連選抜チーム
・記念大会のため関東学連選抜の代わりに結成。

●2007年（第83回）～2013年（第89回）
名称：関東学連選抜チーム
記録：チームも個人も正式参加で記録も残る。

●2014年（第90回）
・記念大会で関東学連選抜チームは廃止。

●2015年（第91回）～
名称：関東学生連合チーム（名称変更）
記録：チームも個人もオープン参加で参考記録。

◎学生連合のユニフォーム
関東学生連合の選手は、それぞれの母校のユニフォームに「関東学生連合」と書かれたゼッケンをつけて走る。タスキは白地に赤文字。

関連項目
●予選会とはどんな大会？→No.029

No.043
途中棄権したら記録はどうなる?

長い歴史を持つ箱根駅伝は、大きく変わったルールもある。例えば初期には、棄権した選手に代わり補欠選手が代走する制度もあった。

●かつては補欠選手による代走制度があった

現在のルールでは、レース途中で走者にアクシデントが生じて走行不能になった場合には、途中棄権となる。しかし箱根駅伝の初期にはすぐに途中棄権とせずに、補欠選手による代走を立てレースを続行する特別ルールが存在した。実際、この代走制度を適用したケースは1930年(第11回)の日本大学9区、1932年(第13回)の東京文理大学1区と明治大学4区、1953年(第29回)日本体育大学3区と法政大学8区の、計5回あったとされている。この場合、代走となる補欠選手は一度前の中継所に戻りそこから再スタートを切る。もちろんタイムは本来の走者のものに加算されるので、3時間を超えるような大幅なタイムロスとなることが多く、チームは下位に沈む。ただし1932年の東京文理大学は、1区のスタート直後のアクシデントだったためタイムロスも少なく、チームも9校中総合6位で完走している。

●途中棄権しても、それ以前の記録は残る

その後、規約が変わり途中棄権となった場合は、そのチームのレースはそこで終わる。棄権後の区間の選手たちは出走することは認められるが、オープン参加扱いになり公式記録には残らない。事実、区間賞相当の走りを見せながら記録なしとなった悲運の選手もいる。ただし、途中棄権以前の区間については公式記録に残る。例えば途中棄権が復路であれば、往路のチーム順位は公式に記録される。これは個人記録も同様だ。途中棄権が3校もあった2008年(第84回)、7区を走った東海大学・佐藤悠基は区間新記録で区間賞を獲得した。10区走者が怪我による途中棄権となり、チームの復路・総合記録は残らなかったが、9区までの個人記録は残り、佐藤の区間新記録も輝きは失われることなく区間賞として表彰されている。

途中棄権と記録

◎途中棄権した場合：個人記録

- **棄権した本人** →棄権
- **棄権より前の区の走者** →個人記録は公式に残る。
- **棄権より後の区の走者** →走ることはできるが記録は公式には残らない。

◎途中棄権した場合：チーム記録

- **往路で棄権** →チーム記録はすべて記録なし。
- **復路で棄権** →往路のチーム記録や順位は残る。復路・総合は記録なし。

◎初期にはあった代走制度

レース途中で棄権した場合、前の中継所に戻って…

補欠選手が走り直し。タイムは加算される。

> 第29回大会（1953年）まで、5回この制度で代走したチームがあった。

関連項目

●個人記録と区間賞・区間新→No.025

No.044
チームカラーとユニフォーム

箱根駅伝を走るチームのユニフォームには各校のイメージカラーが使われる。また胸にはイニシャルやマーク・校名が入れられている。

●母校のイメージカラーをまとって走る

　箱根駅伝では、大学ごとに揃いのランニングシャツとランニングパンツが定められ、そこに大会指定のゼッケンナンバーを縫いつけて走る。各大学の選手が身にまとうユニフォームは、それぞれの母校のイメージカラーが使われることが多い。選手たちは母校のイメージカラーに身を包み、期待と伝統を背負ってレースに挑む。ただし大学のイメージカラーが似通う場合も少なくなく、それぞれが微妙に異なる呼び方をして区別している。例えば伝統校である中央大学が赤をイメージカラーとしているのに対し、帝京大学はファイアーレッドと呼ぶような感じだ。同系色が多いのは紫や紺で、明治大学は紫、駒澤大学は藤色、順天堂大学は紺、東洋大学は鉄紺、国士館大学は赤紫、中央学院大学は薄紫となっている。

　また、ユニフォームの胸には、文字やマークが入れられている。伝統校や古豪の多くは、その大学のイニシャルを1文字あしらう伝統的デザインを継承している。早稲田大学の「W」、明治大学の「M」、中央大学の「C」、専修大学の「S」、法政大学の「H」などだ。その他は多くが漢字で校名を入れるケースが多いが、順天堂大学や東洋大学、東海大学、大東文化大学などのように、校章やシンボルマークを入れる大学もある。

　ユニフォームのカラーは、テレビ中継が始まって以来、特に重視されるようになった。全国区の人気を誇る箱根駅伝においては、それぞれの大学の知名度を上げる絶好のチャンスだからだ。特に強豪校は実況において色で表現されることが多い。「えんじ色のユニフォーム」といえば、早稲田大学のことを指すのはお約束だ。また、2000年代に入ってからの駒澤大学と順天堂大学の2強時代は、「紫紺対決」などと呼ばれることもあった。元祖・紫の明治大学関係者は、さぞ悔しい想いをいだいたことだろうが。

チームカラーとユニフォーム

◎ユニフォームデザインの典型例

●胸にイニシャル1文字

早稲田（上）、明治、中央など伝統校に多い。

●胸にシンボルマーク

順天堂（上）、東洋、東海など。必ずしも校章ではない。

●胸に漢字で校名

駒澤（上）、日本体育、青山学院など。

シンボルカラーも独自の色名

紺　　鉄紺

藤色　　紫

薄紫

赤紫　　えんじ

> ユニフォームのカラーは、大学の知名度アップに重要！

関連項目

●伝統校とは？→No.037　　　●箱根駅伝の人気を決定づけたテレビ中継→No.083

No.045
タスキに込められた想いとは？

タスキは駅伝で次走者へのバトンタッチのためのアイテムとして欠かせない。参加各校とも代々引き継がれたタスキを使っている。

●選手全員の想いをつなぐ駅伝の象徴

　駅伝の代名詞ともいえるアイテムが、走者が肩からかけるタスキだ。タスキは、神話時代から使われている日本文化に根差したもの。最初は神事での装飾品だったが、やがて日常生活の中で働く際に着物をまとめる道具として庶民に使われるようになり、選挙などでもお馴染みだ。

　駅伝においては、日本初の大会となった東海道駅伝徒歩競走で、走者が引き継ぐアイテムとして使われており、そのスタイルは箱根駅伝でも第1回から取り入れられている。中継所でタスキを次走者に受け渡すことで、レースは継がれていく。まさに10区のすべてをそこまで担った走者の汗が染みこんだ1本のタスキがつなぐという、象徴的な存在だ。それだけに、箱根駅伝に参加する選手のタスキに込める想いは、何にもまして強い。中継所での繰り上げスタートでタスキが途切れることは、何としても阻止したい事態なのだ。

　箱根駅伝に参加する各校は、それぞれの色で染めた布地に大学名や校章を入れたタスキを使う。早稲田大学ならえんじ色、明治大学なら紫色というように、タスキの色に大学のイメージカラーを使うことが多い。ただし他校との差別化を図るためにツートンカラーのタスキを使うチームも少なくない。またタスキの色とユニフォームの色が一緒の大学もあれば、中央大学のようにタスキは赤地に白い抜き文字、ユニフォームは白地に赤いマークというように逆の配色のもの、大東文化大学のように同系色ながらユニフォームよりやや色の濃さを変えたものなど様々だ。基本的にはタスキのカラーやデザインは代々引き継がれて変わらないが、時代によって変化することもある。例えば、現在は緑地に白抜き文字のタスキを使う青山学院大学は、かつては白地に緑文字の逆カラーのタスキを使っていたのだ。

タスキの意味

◎タスキのパターン

●ユニフォームと同色

明治、早稲田、日本体育など。

●ユニフォームと同系色

青山学院、大東文化など。

●ユニフォームと異色

中央、日本、駒澤など。

●ツートンカラー

> 1本を10人でつなぐタスキはチームの絆の象徴！

関連項目
●日本で生まれた駅伝競争→No.018
●タスキが途切れる繰り上げスタート→No.026
●チームカラーとユニフォーム→No.044

戦争が箱根駅伝に落とした暗い影

1920年に誕生して以来、大学スポーツの華として人気を増していった箱根駅伝だが、1930年代後半になると戦争の暗い影が忍び寄っていった。1938年に始まった日中戦争が泥沼化し、徐々に日本の国内情勢も悪化していったのだ。それでも1940年まではなんとか開催にこぎつけていたのだが、ついに1941年は開催中止となってしまう。その理由は、コースの大半を占める東海道が軍事上重要な交通路であったためで、道路の使用許可を得ることができなくなったからだ。

そこで1941年には、箱根駅伝に変わる大会として、東京の明治神宮水泳場と青梅の熊野神社を1日で往復する「第1回東京青梅間大学専門学校学徒鍛錬継走大会」を、1月12日に開催した。往復107kmを8区間に分け競ったこの大会には、12校が参加。黄金期を迎えていた日本大学が一度もトップを譲ることなく完全優勝を果たしている。次いで1942年にも第2回が予定されていたが、学生の卒業時期が繰り上げられたことに伴い、1941年11月30日に前倒しで開催。このときも12校の参加で、またも日本大学が勝利を収めた。第1回ではそれまでの箱根駅伝同様の詳細な記録が残されているが、第2回はわずかに各校の総合記録が伝えられるのみ。ギリギリの大会運営がうかがえる。そしてそのわずか8日後の1941年12月8日、日本は太平洋戦争に突入した。

戦時下、主なスポーツイベントは軒並み中止されることとなり、それは箱根駅伝も例外ではなかった。1942年には日本学生陸上競技連盟も解体される。ところがそれでも、陸上に打ち込んできた学生をはじめ箱根駅伝を愛する人々の努力が実を結ぶ。1943年1月4日と5日、戦意高揚という名目のもとで靖国神社と箱根神社を結ぶ大会として開かれたのが、「紀元二千六百三年靖国神社・箱根神社間往復関東学徒鍛錬縦走大会」だ。学徒出陣を控えた学生たちは、必死の想いで参加したという。

この年参加したのは、日本大学、慶應義塾大学、法政大学、中央大学、東京文理科大学、立教大学、早稲田大学、専修大学、東京農業大学、拓殖大学、そして初出場となる青山学院大学の計11校。絶対の強さを誇った日本大学もさすがにベストメンバーを揃えられず、第21回大会からの連続出場選手は1区を走った手島弘信とアンカーを任された永野常平のわずか2人のみ。レースは往路スタートで立教大学が飛び出し追い上げた慶應義塾大学が往路優勝。復路では法政大学と慶應義塾大学が目まぐるしくトップを奪い合う混戦の中、日本大学が最終10区で3位から逆転優勝し、2回の東京〜青梅も含めて連勝を果たしたのだ。

しかし、戦時中に行われたのはこの第22回のみ。実はこの大会はしばらくの間、箱根駅伝の歴史からは除外されてきた。しかし後年になって主催者が関東学生陸上競技連盟であったことが判明し、改めて正式な大会であったと認められた。そして1944年からは再び中断を余儀なくされ、箱根駅伝が復活を果たすのは、戦後3年目となる1947年になってからだ。

和三章
箱根駅伝の
コースと見どころ

No.046
2017年(第93回)箱根駅伝全コース

東京・大手町から箱根・芦ノ湖畔の往復217.1km(往路107.5km、復路109.6km)を2日間で走破する、2017年の全10区間を紹介しよう。

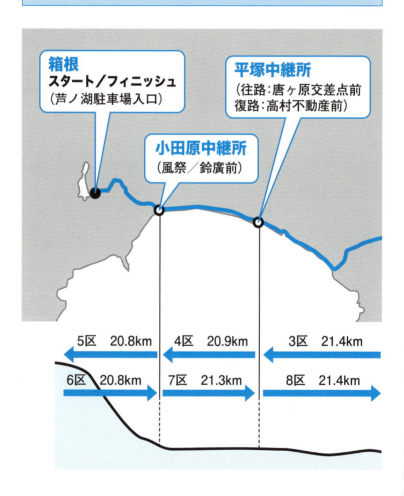

全コース解説

　1月2日に行われる往路は、1～5区の5区間、計107.5kmのコースだ。2017年より小田原中継所が箱根寄りに2.4kmずらされ復路と同じ位置になり、4区がそれまでの18.5kmから20.9kmに延長、5区はそれまでの23.2kmから20.8kmに短縮される。1月3日に行われる復路の6～10区は、2016年と変わらない。7区と10区はコース終盤が往路4区・1区とルートが異なる。

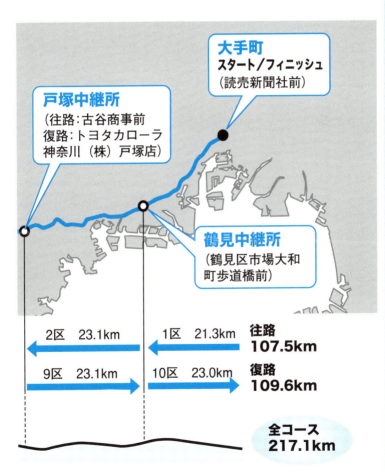

No.047
箱根駅伝のコース変遷

箱根駅伝のコースは、東京都心から箱根芦ノ湖までと第1回から大筋は変わらないが、道路事情から細かい変更は頻繁に行われてきた。

● コース変更だけでなく、区間距離の見直しも行われてきた

　東京・大手町から箱根・芦ノ湖畔の往復を2日間10人でつなぐ箱根駅伝のコースは、1920年の第1回から大筋は変わらない。しかしスタート地点や経由コースなど細かい変更は何度も行われてきた。現在のコースは、往路107.5km、復路109.6kmの合計217.1km（往路と復路で一部異なる）だが、初めて距離が公式に計測された1955年（第31回）には、223.4kmだった。

　近年のコース変更は、2015年。箱根の登り口にある函嶺洞門（落石防止のためのトンネル）が老朽化し迂回路が完成したため、200m短縮された。また、1999年（第75回）には、10区のフィニッシュ前が大回りコースに変更となり1.7km延長された。第31回にはそれまで2区／9区で旧国道1号線の戸塚駅前を通過していたのをバイパス経由に変更し、戸塚の踏切通過を廃止するなど、道路状況の変化に伴うコース変更も行われてきている。

　またコースは変わらないが、中継所の位置をずらし区間距離を変更する改定もしばしば行われている。例えば5区は2006年（第82回）に小田原中継所が手前に移され、20.9kmから23.4kmへと2.5km延長（2014年の再計測で23.2kmに修正）。4区は21kmから18.5kmへと短縮された（復路の6区と7区は変更なし）。これは5区を伸ばしマラソン選手育成効果を増すと同時に、4区を短縮し10000m向きの選手にも活躍の場を広げる配慮があったといわれている。ただし、2017年からは再び中継所の位置が以前と同じ位置に戻されることが決定し、4区20.9km、5区20.8kmに変更される予定だ。

　コース変更で距離が変わった後は、それまでの区間記録は参考記録とされ、新たな記録が現行コース区間記録とされていく。またこの他に、再計測によりコースの距離表示が修正されることもある。最近では2015年に再計測され、総距離が従来の217.9kmから217.1kmに改められている。

コース変遷の理由

コース変更がされる理由

- 後援新聞社が報知新聞から読売新聞に変わったことによる、スタート／フィニッシュの変更。

- 道路が改築されバイパスや橋ができるなど道路状況の変化に伴うコース変更。

- 各区間の距離配分を変えるために、中継所の位置をずらす変更。

- コースの再測定により、公式距離の変更（コースそのものは変わらない）。

	計測後（第91回以降）	計測前
往路	107.5km	108.0km
復路	109.6km	109.9km
総距離	217.1km	217.9km

注）再計測の場合はコースは同じなので区間記録は継続される。

関連項目
- 個人記録と区間賞・区間新→No.025
- 箱根駅伝を支える新聞社→No.080

No.048
フラット中心のスピードコース・1区

大手町〜鶴見中継所までの21.3km。スタート地点がたびたび変わったが、1972年以降は現行コース。全体的に平坦なハイスピードコース。

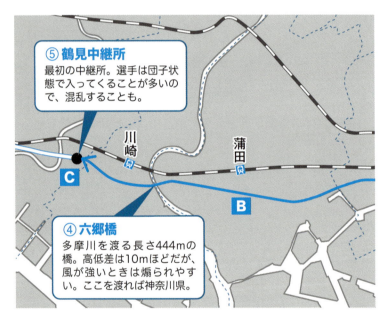

⑤ 鶴見中継所
最初の中継所。選手は団子状態で入ってくることが多いので、混乱することも。

④ 六郷橋
多摩川を渡る長さ444mの橋。高低差は10mほどだが、風が強いときは煽られやすい。ここを渡れば神奈川県。

【主なコース変更】

A 1920年（第1回）のスタート地点は有楽町の報知新聞社前。その後数回の変更を経て1972年（第48回）から現在の場所になった。

B 15.4km地点に京浜急行空港線の踏切があったが、2013年（第89回）線路が高架化されてなくなった。

C 鶴見中継所も何度か移動を繰り返したが、1970年以後はそのまま使われている。

1区コース解説

③ 新八ツ山橋
線路をまたぐ高架橋。緩いアップダウン。

① 大手町読売新聞社前
出発地点。20人が横並びでスタートする。

② 芝5丁目交差点
ここから国道15号線（第1京浜国道）に入る。この区間は全体に平坦路が続く。

〈高低差図〉

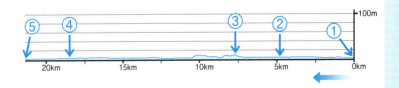

No.049
1区のレース戦略と記録の変遷

平坦基調の1区では、タイム差がつきにくい。コース後半に多摩川を渡る六郷橋は、選手がスパートを仕掛けやすいポイントとなる。

● 1区のコース特徴と戦略

　箱根駅伝最初の区間であり、当然ながら各選手は横並びで一斉スタート。前半戦は大集団のまま推移していくことが多い。加えて、ほとんどアップダウンのない平坦なコースのため比較的ハイスピードのペースになるが、仕掛けどころも限られてくる。前半の7.8km地点にあるJRの線路を跨ぐ新八ッ山橋では、選手もまだ元気いっぱいで、大きな仕掛けがなされることはほとんどない。仕掛けどころとしては、後半の18km前後にある多摩川を越えて神奈川県に入る六郷橋が注目ポイントだ。高低差は10mないが、長さ444mの橋は横風の影響を受けやすい。渡ってからの下りで残り3kmのスパートをかける戦略をとる選手も多い。それでもタイムに大差がつきにくい区間で、2007年に東海大学の佐藤悠基が2位につけた4分01秒が突出しており、それに次ぐ記録は1分31秒差。むしろ鶴見中継所に上位選手たちが団子状態で飛び込むことも珍しくはない。そのため、繰り上げスタートは1区のみ10分に設定されているが、今までに引っかかった選手はいない。

● 1区の記録

　第1回の記録は、1時間25分00秒。その後、スタート地点や鶴見中継所の位置が変わり何度かコースが変わった。1961年まで、距離が22.7kmあった時代には、同年に明治大学の安部喜代志が出した1時間09分02秒が最高記録。その後、ほぼ現在のコース(21.3km、当時は21.8kmとされていたが再計測で変更)になった1972年には、大東文化大学の鞍馬講二が1時間06分36秒を出した。その後9回、区間新記録が塗り替えられてきたが、現在の記録は2007年に東海大学の佐藤悠基が出した1時間01分06秒。このタイムは2016年までの9年間、破られていない。

1区の主なポイント

Point1 【スタート~三田】

一斉スタートのため集団で走行。東京の中心地でもあり、テレビ中継ではこの区間で各校の紹介が行われるなど、顔見世的なエリアとなる。

Point2 【六郷橋】

多摩川を渡る長さ444mの橋。標高差は10mもないが、横風が強く吹きつけることも多い。また渡ってからの下りではスパートをかける選手も多い。

Point3 【鶴見中継所】

タイム差がつきにくいコースのため、中継所に団子状態で固まって入ることも多く、2区ランナーへいかにスムーズにタスキを渡すかが鍵となる。

1区の主な記録

◎主な歴代参考記録

タイム	選手	学校	年	距離
1'25'00	山下馬之助	東京高師	1920（1回）	不明
1'09'47	山内二郎	法政	1956（32回）	22.3
1'02'30	井上俊	国士館	1966（42回）	21.7

◎現在の区間記録ベスト5 (1972~2016年まで　21.3km)

	タイム	選手	学校	年
1	1'01'06	佐藤悠基	東海	2007（83回）
2	1'01'13	渡辺康幸	早稲田	1994（70回）
3	1'01'22	久保田和真	青山学院	2016（92回）
4	1'01'25	山中秀仁	日本体育	2014（90回）
5	1'01'32	中村祐二	山梨学院	1995（71回）

No.050
3度の上り坂が選手を苦しめる、花の2区

鶴見中継所〜戸塚中継所までの23.1km。2017年より各区間の中での最長距離に戻り、3か所の上り坂があるなど難易度が高い区間だ。

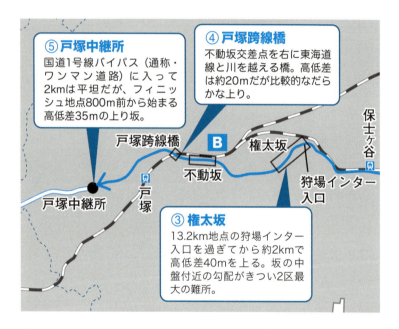

⑤ 戸塚中継所
国道1号線バイパス（通称・ワンマン道路）に入って2kmは平坦だが、フィニッシュ地点800m前から始まる高低差35mの上り坂。

④ 戸塚跨線橋
不動坂交差点を右に東海道線と川を越える橋。高低差は約20mだが比較的なだらかな上り。

③ 権太坂
13.2km地点の狩場インター入口を過ぎてから約2kmで高低差40mを上る。坂の中盤付近の勾配がきつい2区最大の難所。

【主なコース変更】

A 黎明期は旧東海道を走っていたが、それに沿って国道15号線が整備され、そちらを使うようになった。

B 1954年までは、戸塚大踏切を渡り待ち時間のタイム修正したこともあった。1955年からは国道1号線バイパス（通称・ワンマン道路）に迂回し戸塚大踏切通過はなくなった。

C 1961〜1982年までは、横浜市内で横浜駅の北側を通るルートだったが、1983年から現在のコースになる。

2区コース解説

② 横浜駅前
駅手前から国道1号線に入る。コース前半は平坦路が続く。

① 鶴見中継所
国道15号線上にあり、道幅が広い平坦路。

〈高低差図〉

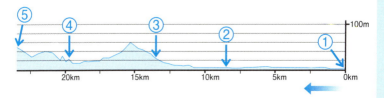

No.051
2区のレース戦略と記録の変遷

コース後半にアップダウンが多く難易度の高い2区では、いかに権田坂やフィニッシュ前の上りに力を残せるかが、勝利の鍵となる。

●2区のコース特徴と戦略

　1区ではさほどタイム差がつかないことが多いので、2区序盤も上位は集団で競うことが多い。特に保土ヶ谷駅前までの前半は平坦なため、むしろ後半に力を残しながらのレース展開となりやすい。レースが動くポイントは最大の難関となる約2km続く権田坂。上りで差がつくこともあるが、頂上を越えてからの緩い下りでスパートがかけられることもある。一方2番目の坂となる戸塚跨線橋越えは、比較的なだらかで終盤に力を残す必要もあり動きは少ない。その後、国道1号線バイパス（ワンマン道路）に入った残り3kmちょっとが、最後の決戦の場となる。特にフィニッシュ前800mの上り坂は、22km以上を走ってきた選手にとって最後の試練。最後の力を残しておかないと、最後に失速することも珍しくはない。2区は距離も長く、後半〜終盤にある上り坂で力を試される難易度の高いコースだ。それだけにごぼう抜きなども多く見られる人気の高い区間なのだ。

●2区の記録

　今ほど距離がなかった第1回では、1時間13分00秒の記録が残っている。また20.5kmと短いコース設定となった1960年には、日本大学の武内修一郎が1時間01分58秒で走破した。しかし翌年から距離が延ばされ、25.2kmの時代には1975年に東京農業大学の服部誠が出した1時間13分21秒が最短だ。1983年に現行コースとなった年には、日本体育大学の大塚正美が1時間07分34秒を出し、その区間記録は1994年に山梨学院大学のステファン・マヤカが同タイムを出すまで続く。翌1995年には、早稲田大学の渡辺康幸が1時間06分48秒と更新。そして2009年には、山梨学院大学のメクボ・モグスが1時間06分04秒を叩きだす。この区間記録はいまだ破られていない。

2区の主なポイント

Point1 【鶴見中継所〜保土ヶ谷駅過ぎ】

市街地をひた走るコース前半は平坦で走りやすいが、後半に備えいかに力を残すかが鍵。10km地点の給水ポイントでは、確実に補給をしておきたい。

Point2 【権太坂】

13km過ぎから始まる約2km続く上り。特に坂の中盤800mで勾配がきつくなる難所だ。権太坂上の信号を過ぎても、さらに600mほど上り勾配が続く。

Point3 【戸塚中継所前の上り】

国道1号線バイパスに入ってから2kmの平坦路のあと、フィニッシュ前800mはきつい上り勾配となる。ここで最後に力を振絞った選手が抜け出すこともある。

2区の主な記録

◎主な歴代参考記録

タイム	選手	学校	年	距離
1'13'00	下村広次	明治	1920（1回）	不明
1'01'58	武内修一郎	日本	1960（36回）	20.5
1'13'21	服部誠	東京農業	1975（51回）	25.2

◎現在の区間記録ベスト5 (1983〜2016年まで　23.1km)

	タイム	選手	学校	年
1	1'06'04	メクボ・モグス	山梨学院	2009（85回）
2	1'06'23	メクボ・モグス	山梨学院	2008（84回）
3	1'06'46	三代直樹	順天堂	1999（75回）
4	1'06'48	渡辺康幸	早稲田	1995（71回）
5	1'06'52	村澤明伸	東海	2011（87回）

No.052

後半の海風の有無が鍵となる3区

戸塚中継所〜平塚中継所までの21.4km。当初は旧東海道沿いの内陸コースだったが、1970年から後半部は海岸線の国道134号をひた走る。

⑤ 湘南大橋
相模川河口を渡る長さ698mの橋。高低差は10m程度だが、海風が強く吹きつけることも。

④ 菱沼海岸
ずっと続く直線の海岸通り。しかし海側に防砂林が並び海はほとんど見えない。

⑥ 平塚中継所
花水川を渡ってすぐに中継所。

【主なコース変更】

A 1955年から戸塚中継所が国道1号線バイパス（通称・ワンマン道路）に移り、序盤の200mが変更になった。

B 当初は藤沢橋交差点を右折し旧東海道沿いに茅ヶ崎駅へと走るコース。1970年からは藤沢橋交差点を直進し藤沢跨線橋を越えて海岸通りに出るコースに変更。

C 1960年までは相模川を馬入橋で渡ったが、以降は湘南大橋を使用。平塚中継所も以前は旧東海道沿いの平塚小学校前や平塚市役所前にあった。

3区コース解説

① 戸塚中継所
スタートしてすぐは高低差20mの上り。上り切ってからは、原宿交差点まで緩やかな下りが1.2km続く。

② 遊行寺の下り坂
藤沢バイパス出口から県道30号線に入り、800mで高低差30mの遊行寺の坂を下る。

③ 浜須賀交差点
藤沢跨線橋を越えて通称・湘南街道を走り、11.9km地点の浜須賀交差点で海岸線の国道134号線に合流。

〈高低差図〉

No.053
3区のレース戦略と記録の変遷

後半に海岸線を走るようになった1970年以後は強風がポイントとなることが多いが、風の影響が少ない年にはハイスピード勝負となる。

●3区のコース特徴と戦略

　以前は、3区はつなぎの区間として新人などを投入する区間とされていた時代もあったが、昨今では2区に続いて往路の展開を左右する重要区間と認識が変わってきている。2区でリードが見込めるチームならその勢いを継続、逆に2区の遅れを挽回することも可能で、近年は2005年の日本大学や2010～2012年の山梨学院大学のように、留学生やエースをあえて3区に投入する戦略をとるチームもある。コースのポイントは前半の遊行寺の急坂下りと、後半にある長い直線の海岸通りだ。3区で走る国道134号線は、その道の両側に防砂林が設けられている部分もあるが、冬場は西風が吹くことも多く、その場合はずっと向かい風に逆らって走ることになる。また北風が強いときには、防砂林の切れ目や湘南大橋を渡る際に横風で煽られる。逆に風の影響が少ない年には、比較的平坦路が多い3区はハイスピードな展開になることもあり、そのあたりの見極めが難しい。ごぼう抜きも2区に次いで多く見られる区間だ。

●3区の記録

　第1回では1時間25分09秒の記録が残るが、同じコースの最後となった1934年(第15回)には、日本歯科医学専門学校の難波博夫が1時間10分45秒まで縮めた。その後コースが何度か変更され、20.2kmの短い距離だった1966年には1時間01分24秒の記録も。現在の21.4kmのコースになった1970年は、日本大学・鈴木圀昭が1時間06分50秒を記録、以来8回、区間新記録が塗り替えられてきている。最新の記録は2012年(第88回)に山梨学院大学の留学生ランナー、オンディバ・コスマスが出した1時間01分38秒。昨今は1時間04分以内で走らないと、上位進出は難しい。

3区の主なポイント

Point1 【遊行寺の下り坂】
800mで高低差35mを下る坂は、飛ばし過ぎると足に負担をかけることもある。

Point2 【海岸通り（国道134号線）】
11.9km地点の浜須賀交差点から海岸沿いの国道134号に入るが、西に向かって一直線の道路は、冬の西風が強いと真正面からの向かい風になる。

Point3 【湘南大橋】
全長698mの橋は高低差が10m程度。風を遮るものがない吹きさらしで、北風が強い時には横風に煽られる。

3区の主な記録

◎主な歴代参考記録

タイム	選手	学校	年	距離
1'25'09	藤井嘉市	明治	1920（1回）	不明
1'09'16	佐藤光信	中央	1955（31回）	22.1
1'15'53	吉岡敏晴	東京教育	1960（36回）	24.7

◎現在の区間記録ベスト5 (1970～2016年まで 21.5km)

	タイム	選手	学校	年
1	1'01'38	オンディバ・コスマス	山梨学院	2012（88回）
2	1'01'40	竹澤健介	早稲田	2009（85回）
3	1'02'12	佐藤悠基	東海	2006（82回）
4	1'02'13	設楽悠太	東洋	2014（90回）
5	1'02'18	佐藤悠基	東海	2009（85回）

No.054
2017年から距離が延びた4区

平塚中継所〜小田原中継所までの20.9km。2016年までは18.5kmだったが、2017年は小田原中継所が移動して2005年までと同じコースに。

⑤ **小田原メガネスーパー前**
小田原の市街地に入る。2006〜2016年の間はここが往路4区の小田原中継所だった。

⑥ **小田原中継所**
2017年より風祭・鈴廣前が4区の小田原中継所となる。2005年までもここが中継所に使われていた。

④ **酒匂橋**
酒匂川にかかる300mの橋だが、高低差はまったくない。北風が強いと横風をうける。

【主なコース変更】

A 黎明期は内陸の旧東海道沿いがコース。平塚市街地に中継所があった。大磯駅付近からは、ほぼ現在のコースに近い旧道。

B 2006年から小田原中継所がメガネスーパー前になり、距離が18.5kmと短くなる。2017年より小田原中継所が元に戻り、距離も20.9kmに。

C 1967年から小田原中継所が風祭・鈴廣前に。1970年からは、平塚中継所が現在の花水川河口に移り、ほぼ現在のコースになる。

4区コース解説

② 大磯中前
大磯駅入口交差点を左折し、国道1号線に。東海道沿いに並ぶ松並木の中を走る。

① 平塚中継所
スタートして1.2kmは、海岸に沿ったフラットなコース。

③ 押切橋
小さな河川や丘があり細かいアップダウンがある区間。特に押切川にかかる橋へは、4区で数少ない高低差10mの下り坂。

〈高低差図〉

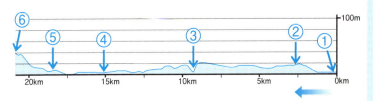

No.055
4区のレース戦略と記録の変遷

旧東海道の名残がある松並木が特徴の4区だが、途中は細かなアップダウンが連続する区間もある。また2017年からは距離が延ばされる。

●4区のコース特徴と戦略

　4区は、2006年に小田原中継所が小田原市街地のメガネスーパー前に移されて以来、10年に渡り距離が18.5kmと全区間中もっとも短いコースだった。そのため、新人の登竜門的な区間となっていた。しかし2017年度には、2005年までのコースに戻されることが決定し、20.9kmの距離で新たな歴史を刻むことになる。4区には急峻な坂こそないが、大磯駅から国府津駅の間の国道1号線は、川や丘越えなどが多く細かいアップダウンが繰り返し現れるコースレイアウト。また4区のスタート予測時間は午前11時を過ぎるので、気象条件によっては気温が上昇する時間帯となり、けして簡単なコースではない。新たなフィニッシュとなる風祭・鈴廣前の小田原中継所は、その手前で若干の上り基調となる。3区同様に西に向かって一直線に走るコースなので、冬の西風が強い場合は、常に向かい風と闘わなくてはならない。2005年以前は、4区は準エース区間といわれており、距離が戻った2017年以降には再び重要度を増すことが考えられる。

●4区の記録

　内陸の旧東海道を走っていた第1回では未舗装とはいえ路面は比較的良好で、1時間18分00秒の記録が残る。20.4kmとなった1964年には、中央大学の岩下察夫が初めて1時間を切る59分54秒の記録を残している。平塚中継所が現在の位置に移り、ほぼ現行のコースとなった1970年には、国士舘大学の大花務が1時間05分18秒で走り、同コースでは1999年の駒澤大学・藤田敦史による1時間00分56秒が最速。18.5kmに短縮した2006年以降では、2015年に青山学院大学・田村和希が出した54分28秒が区間記録だが、2017年より距離が変わるため早くも参考記録となる。

4区の主なポイント

Point1 【大磯駅〜二宮駅付近】

周辺に旧街道の趣きが残る松並木などがならぶ。小河川なども多く、緩いがアップダウンが繰り返される。

Point2 【押切橋への下り】

4区でもっとも高低差のある区間。押切橋に向かって高低差10mの坂をくだり、その後は緩やかにまた上っていく。

Point3 【酒匂橋】

酒匂川にかかる全長約300mの橋。アップダウンはまったくないが、北風が強いときは横から風をまともに受ける。

4区の主な記録

◎主な歴代参考記録

タイム	選手	学校	年	距離
1'18'00	内田庄作	早稲田	1920（1回）	不明
59'54	岩下察夫	中央	1964（40回）	20.4
1'00'56	藤田敦史	駒澤	1999（75回）	20.9

◎現在の区間記録ベスト5（2006〜2016年まで 18.5km）

	タイム	選手	学校	年
1	54'28	田村和希	青山学院	2015（91回）
2	54'31	工藤有生	駒澤	2015（91回）
3	54'34	西村知修	帝京	2011（87回）
4	54'41	中谷圭佑	駒澤	2014（90回）
5	54'45	田口雅也	東洋	2012（88回）

No.056
箱根の厳しい山登りで強さを競う5区

標高874mの最高地点まで駆け上るハードな山登り区間だが、峠を越えるときつい下りも待ち受ける。2017年から距離が短縮される予定。

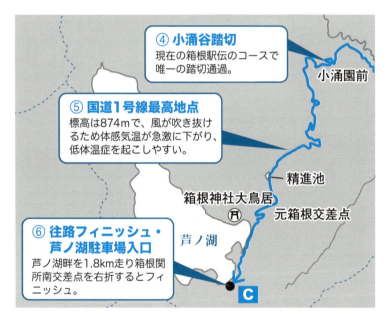

④ **小涌谷踏切**
現在の箱根駅伝のコースで唯一の踏切通過。

⑤ **国道1号線最高地点**
標高は874mで、風が吹き抜けるため体感気温が急激に下がり、低体温症を起こしやすい。

⑥ **往路フィニッシュ・芦ノ湖駐車場入口**
芦ノ湖畔を1.8km走り箱根関所南交差点を右折するとフィニッシュ。

【主なコース変更】

A 小田原中継所は黎明期〜1966年までは5回場所を移動し、距離も変わった。1967年から風祭・鈴廣前に。2006〜2016年はメガネスーパー本社前だが2017年より元に戻る。

B 1931年より函嶺洞門を通るコースだったが、老朽化により2015年から通行禁止。すぐ横の新道に変わりコース距離が20m延長された。

C フィニッシュ地点は、箱根小学校前、箱根郵便局前、箱根神社、大観山入口などが使われたが、1972年より現在の芦ノ湖駐車場入口に固定。

5区コース解説

② 函嶺洞門
箱根湯本の温泉街を抜け旭橋を渡ると、箱根の山道に突入。老朽化した函嶺洞門を横に新道を走る。このあたりから傾斜がきつくなる。

① 小田原中継所
2017年から中継所が風祭・鈴廣前に移動。標高は海抜34mで、最初から軽い上り基調が続く。

③ 大平台ヘアピンカーブ
箱根登山鉄道の高架（出山鉄橋）をくぐって、大平台ヘアピンカーブに至る2.2kmが、5区でもっとも傾斜がきつい区間。平均斜度は7％もある。

〈高低差図〉

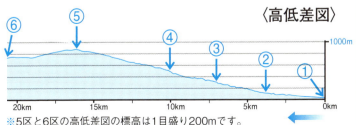

※5区と6区の高低差図の標高は1目盛り200mです。

No.057
5区のレース戦略と記録の変遷

箱根駅伝の名物ともいえる、長い山上り区間の5区。上りきった峠付近の寒さやその後の急な下り区間も、選手を苦しめる障害だ。

●5区のコース特徴と戦略

　2017年より小田原中継所が移動し、2005年までと同じ20.8kmの距離に変わるが、5区の価値や難しさはけして減じることはない。新しい中継所の風祭・鈴廣前はすでに箱根に向けての上り坂の途中にあり、そこから16km以上をずっと上り続けなければならないのは、これまでと変わらないからだ。特に前半の出山鉄橋～大平台へアピンカーブや、小涌園前を越えてからの4.5kmの区間は勾配が7％もあり、選手の耐えどころだ。さらに気をつけなければならないのが、最高地点近くの峠付近。山が開け風の通りが良く、冬の冷たい山風が選手の体に吹きつけ体力を極端に奪う。事実、この区間で低体温症に陥りリタイアや大幅ペースダウンを余儀なくされることも多く、上りが終わるという安堵感で気を緩めることはできない。さらに標高874mの峠を越え精進池を過ぎると、今度はきつい傾斜の2.7kmもの下りとなる。長い上りで体力を使い果たすと、下りやその後の湖畔路が辛くなる。後半で逆転を許すことも少なくない5区では、上りで体力配分を考えたペースで走り、後半の下りを乗り切る戦略が不可欠なのだ。

●5区の記録

　未舗装の山道だった第1回では、1時間57分28秒もの時間がかかった難所も、時代とともに記録が縮められてきた。中でも1936～1938年まで3年連続区間賞の日本大学・鈴木房重(1時間31分46秒)、1950～1952年3年連続の中央大学・西田勝雄(1時間30分10秒)、そして1974～1977年まで4年連続の大東文化大学・大久保初男(1時間11分48秒)など、箱根の山に君臨する王者を生み出してきた。その系譜は、山の神と呼ばれた順天堂大学・今井正人や東洋大学・柏原竜二、青山学院大学・神野大地に引き継がれた。

5区の主なポイント

Point1 【16km以上の山上り区間】

小田原中継所からの上りは芦之湯入口までずっと上りっぱなし。途中、若干傾斜が緩む宮ノ下や中尾橋でいかに一息つくかが鍵。

Point2 【標高874m付近の峠】

芦之湯入口から一旦軽く下り標高874mの最高地点をすぎると精進池まではなだらか。しかし冷たい風に晒されるため、低体温症に陥る危険も。

Point3 【芦ノ湖畔への下り坂】

精進池から元箱根までは高低差140mを下る。疲れた脚に下りの負担がのしかかるので、最後1.9kmの湖畔路まで力を残せるかが勝負の分かれ目。

5区の主な記録

◎主な歴代参考記録

タイム	選手	学校	年	距離
1'57'28	大浦留市	東京高師	1920（1回）	不明
1'31'46	鈴木房重	日本	1937（18回）	不明
1'30'10	西田勝雄	中央	1950（26回）	不明
1'11'48	大久保初男	大東文化	1977（53回）	21.4
1'09'12	今井正人	順天堂	2005（81回）	20.9
1'16'39	柏原竜二	東洋	2012（88回）	23.4

◎現在の区間記録ベスト2 （2015〜2016年まで 23.2km）

	タイム	選手	学校	年
1	1'16'15	神野大地	青山学院	2015（91回）
2	1'18'24	ダニエル・キトニー	日本	2016（92回）

No.058
山下りのスペシャリストが駆け下る6区

芦ノ湖湖畔〜小田原中継所までの20.8km。往路5区の反復コースであり、湖畔から一度上った後に5.4km地点から標高差830mを駆け下る。

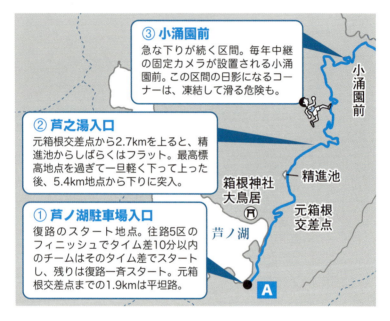

③ 小涌園前
急な下りが続く区間。毎年中継の固定カメラが設置される小涌園前。この区間の日影になるコーナーは、凍結して滑る危険も。

② 芦之湯入口
元箱根交差点から2.7kmを上ると、精進池からしばらくはフラット。最高標高地点を過ぎて一旦軽く下って上った後、5.4km地点から下りに突入。

① 芦ノ湖駐車場入口
復路のスタート地点。往路5区のフィニッシュでタイム差10分以内のチームはそのタイム差でスタートし、残りは復路一斉スタート。元箱根交差点までの1.9kmは平坦路。

【主なコース変更】

A スタート地点は、何回か変わるが、1972年より、現在の芦ノ湖駐車場入口になる。

B 1931年より函嶺洞門を通るコースだったが、老朽化により2015年から通行禁止。すぐ横の新道に変わりコース距離が20m延長された。

C 6区小田原中継所は初期に数回場所が変わるが、1967年からほぼ現在の場所に固定。

6区コース解説

④ 大平台ヘアピンカーブ
名物のヘアピンカーブを過ぎると、もっとも急な下り傾斜。

⑥ 小田原中継所
風祭・鈴廣前が6区フィニッシュ。

⑤ 箱根湯本
傾斜は緩やかになるが、下りで披露した脚に疲労が溜まりペースが落ちる選手も出る。

〈高低差図〉

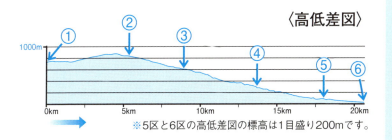

※5区と6区の高低差図の標高は1目盛り200mです。

No.059
6区のレース戦略と記録の変遷

スタートして一度上ってから、16kmの山道を一気に下る。下りでのハイスピードだけでなく上りの速さも要求されるスペシャル区間だ。

●6区のコース特徴と戦略

　6区は2015年の函嶺洞門廃止による20mの距離延長以外、長らくコースの大筋は変わっていない。イメージでは山下りオンリーのように思われがちだが、スタートして1.9km地点の元箱根交差点から始まる2.7kmで標高差140mの上りは、往路5区に続く箱根駅伝で2番目の上り区間だ。しかしやはり6区の真骨頂は、5.4kmから始まる16km続く急峻な下り。その駆け下るスピードは、通常の長距離レースではありえない速さ。途中で何回か傾斜が緩む区間はあるが、ほぼ速度を緩めることなく走りぬくため、足腰への負担は想像以上のものがある。また、スタートは朝8時のため、山道の日影の部分では路面凍結の危険性もあり、滑って転ぶようなアクシデントも少なくない。箱根湯本の町中に入ると傾斜が緩くなるが、そこまでのハイスピードダウンヒルで疲労が溜まり、ラスト3kmでペースダウンを余儀なくされる選手も少なくない。そのため、5区に勝るとも劣らない特殊な区間で、6区専門のスペシャリストが連続出場して活躍することも多い。

●6区の記録

　黎明期は現在より距離が長く、第1回の記録は1時間37分30秒。距離が正式計測された1955年には、日本大学・相良豊が25.1kmで1時間14分56秒を記録。1964年には同じコース（再計測で24.7km）で日本大学・奥貫博が1時間07分54秒に縮めている。コースが短くなってからは、1983年に日本体育大学・谷口浩美が57分47秒(20.5km)、1999年に神奈川大学・中沢晃が58分06秒(20.7km)、2011年に駒澤大学・千葉健太が58分11秒(20.8km)。そして函嶺洞門廃止で20m延長された2015年以降は、2016年の日本体育大学・秋山清仁が、58分09秒(20.8km)で現座の記録となっている。

6区の主なポイント

Point1　【最初の上り】
元箱根交差点から始まる2.3kmの上りは、標高差約130m。箱根駅伝全体で2番目に厳しい上り区間だ。

Point2　【箱根の山下り】
5.4km地点から始まる山下りは、途中で何回か緩くなるものの全体的には急峻な坂が箱根湯本まで続く。ハイスピードな上に路面凍結も怖い。

Point3　【ラスト3kmの緩い下り】
箱根湯本の入口・千歳橋付近から勾配は緩くなるが、そこまでのきつい下りで疲労は極限に達する。ラスト3kmで脱落する選手も少なくない。

6区の主な記録

◎主な歴代参考記録

タイム	選手	学校	年	距離
1'37'30	山口六郎次	明治	1920（1回）	不明
1'14'56	相良豊	日本	1955（31回）	25.1
1'07'54	奥貫博	日本	1964（40回）	24.7
57'47	谷口浩美	日本体育	1983（59回）	20.5
58,06	中沢晃	神奈川	1999（75回）	20.8

◎現在の区間記録ベスト3（2015～2016年まで　20.8km）

	タイム	選手	学校	年
1	58'09	秋山清仁	日本体育	2016（92回）
2	58'31	三浦雅裕	早稲田	2015（91回）
	58'31	小野田勇次	青山学院	2016（92回）

No.060
細かいアップダウンが連続する7区

小田原中継所〜平塚中継所までの21.3km。酒匂川を越えてからの昔の面影を残すコースは、小河川や丘超えのアップダウンを繰り返す。

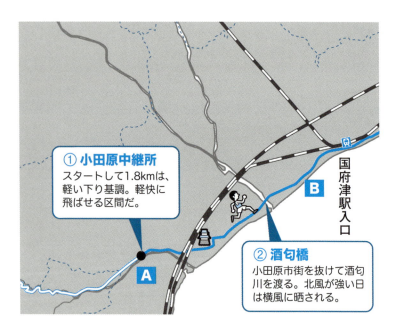

① 小田原中継所
スタートして1.8kmは、軽い下り基調。軽快に飛ばせる区間だ。

② 酒匂橋
小田原市街を抜けて酒匂川を渡る。北風が強い日は横風に晒される。

【主なコース変更】

A 復路の小田原中継所は、1967年以降は現在の風祭・鈴廣前に設置されている。

B 酒匂川を渡ってから大磯駅前までは、黎明期は旧東海道を走った。1935年以降はほぼ現在に近く、1986年からはコースが変わっていない。

C 平塚中継所は、1963年までは国道1号線沿いの平塚市街地にあった。それ以降は現在の国道134号線、花水川河口に移動した。

7区コース解説

④ 二宮駅付近
細かいアップダウンが連続して現れる。ペースを一定に保つのが難しい区間だ。

⑥ 平塚中継所
海沿いの134号線に合流するポイントがフィニッシュの平塚中継所。

⑤ 大磯駅入口
ここから先は往路4区と異なるコース。ラスト1kmで陸橋を渡るため、その上り下りでスパートを仕掛けやすいポイント。

③ 押切坂
11.6km地点の押切橋を渡ると、200mで標高差10mを上る押切坂。距離は短いが傾斜はきつい。

〈高低差図〉

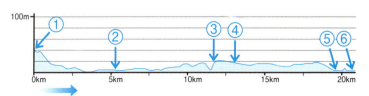

No.061
7区のレース戦略と記録の変遷

序盤は下り基調だが、中盤以降は細かいアップダウンが連続して現れるため、ペースを維持するのが難しいテクニカルなコースだ。

●7区のコース特徴と戦略

スタート地点の小田原中継所は箱根の山裾にあり、小田原市内までの1.8kmは下り基調が続くため、入りはハイペースになりやすい。小田原の市街地から酒匂川を越えてしばらくは平坦基調。酒匂橋では吹きさらしになるため、北風が強い日には左手から横風を受けることになる。また9.1km地点の国府津駅付近から大磯駅入口までの約10kmは、低い丘と小河川がところどころにあり、緩いアップダウンが続く。また、11.6km地点の押切橋を過ぎての押切坂は、距離は短いが傾斜はそれなり。地図で見ると海岸線に沿ったルートのため平坦路と思われがちだが、実際には上りと下りが連続し、ペースを維持することが難しい。20km地点を過ぎた終盤には国道1号線から逸れ陸橋を越える。ラスト1kmにあり、スパートをかける絶好のポイントだ。7区は復路の中でもペースをつかむ重要区間とされ、準エースクラスの選手が投入されることも多い区間だ。

●7区の記録

第1回の記録は1時間25分20秒。黎明期は今より距離が長かった。距離が21kmに短縮されて以降は、1959年に日本大学・武内修一郎が1時間06分12秒まで記録を縮めている。その後、19.4kmまで距離が短縮されたり23.2kmに伸ばされたりとコース変更が相次ぐが、1970年から21.7kmになり、1974年に日本大学・野中三徳が出した1時間04分39秒は、1985年まで破られることがなかった。1986年からは現行のコースとなり、1993年に早稲田大学・武井隆次が1時間02分53秒の驚異的な記録を出す。それを破ったのは15年後、2008年の東海大学・佐藤悠基の1時間02分35秒。さらに4年後の2012年に東洋大学・設楽悠太が1時間02分32秒で走り、現在の区間記録保持者だ。

7区の主なポイント

Point1 【小田原中継所〜小田原市街地】

最初の1.8kmは緩い下り基調でハイペースになりがち。

Point2 【国府津駅から大磯駅入口】

約10kmにわたり、丘と小河川が連続して細かいアップダウンが繰り返し現れる。

Point3 【平塚中継所1km手前の陸橋】

それまで走っていた国道1号線から逸れ、その上を交差する陸橋を越える。ここからフィニッシュまでは後1kmだ。

7区の主な記録

◎主な歴代参考記録

タイム	選手	学校	年	距離
1'25'20	得能末吉	明治	1920（1回）	不明
1'06'12	武内修一郎	日本	1959（35回）	21.0
1'04'39	野中三徳	日本	1974（50回）	21.9

◎現在の区間記録ベスト5 (1986〜2016年まで　21.3km)

	タイム	選手	学校	年
1	1'02'32	設楽悠太	東洋	2012（88回）
2	1'02'35	佐藤悠基	東海	2008（84回）
3	1'02'40	小椋裕介	青山学院	2015（91回）
4	1'02'53	武井隆次	早稲田	1993（69回）
5	1'03'08	小椋裕介	青山学院	2016（92回）

No.062
後半の遊行寺の坂がポイントの8区

平塚中継所〜戸塚中継所までの21.4km。往路3区とまったく同じコースを逆に走る。1970年から、現在のコースが使われ続けている。

② 湘南大橋
相模川河口を渡る橋。アップダウンはきつくないが、北風が強い場合は吹き晒しのため強い横風を受けることも。

① 平塚中継所
すぐに花水川を渡り、海岸線の国道134号を東にまっすぐ向かう。西風が吹くと追い風になる。

③ 菱沼海岸
ひたすらまっすぐ続く道。まったくの平坦路。ペースを上げやすいエリア。

【主なコース変更】

A 1961年までは平塚中継所は内陸の国道1号線にあり、馬入橋を渡り、旧東海道を走り藤沢橋へと向かった。それ以降は海岸線平塚中継所から国道134号線を走り、浜須賀交差点から内陸へ。

B 1970年から藤沢跨線橋を越えて藤沢橋交差点に向かうコースに。

C 1955年から戸塚中継所が国道1号線バイパス（通称・ワンマン道路）に移る。

8区コース解説

⑤ 遊行寺の上り坂
藤沢橋交差点を過ぎると800mで高低差30mを上る遊行寺の急坂。ここから8区の本当の闘いが始まる。

⑥ 原宿交差点
19.5km地点の原宿の交差点から始まる坂は1.2kmで25mを上る。終盤での2度目の坂は、耐久力を試される。

④ 浜須賀交差点
海岸通りから北東方向に曲がり内陸へ。藤沢跨線橋までは平坦。

〈高低差図〉

No.063
8区のレース戦略と記録の変遷失

前半は湘南大橋を除き平坦路で、風も追い風になりやすいが、後半に遊行寺と原宿交差点過ぎの2つの上り坂が選手たちを待ち受ける。

● 8区のコース特徴と戦略

近年、復路の中では"つなぎの区間"とされる8区だが、復路優勝を狙うチームにとっては、落とすことができない区間だ。コース前半は海岸線を東に向かう平坦路が続く。西風が吹きやすいこの季節は選手を後押しする追い風となりやすい。しかし内陸に入り藤沢市街地に入った14km地点で藤沢跨線橋を越えるあたりから、コースは一変。15.8km地点から800mで高低差30mを駆け上がる遊行寺の上り坂が第一関門だ。さらに19.5km地点の原宿交差点からは、1.2kmで25mを上る第2の坂が待ち受ける。そしてこの試練を乗り越えれば、後は下ってフィニッシュに飛び込むだけだ。前半はペースを上げやすく、記録を狙うならここでいかにタイムを稼ぐかが鍵になるが、平坦路で飛ばし過ぎると後半の上り坂でバテてしまう結果となる。しかも通過時間は午前11時前後になり、上昇する気温が選手の体力を奪いやすい。最後の坂は傾斜こそきつくはないが、力を残していないと思わぬペースダウンの憂き目にあうことになる。また、8区になれば下位のチームには繰り上げスタートが重くのしかかる。戸塚中継所で先頭通過から20分を過ぎ、タスキが途切れ無念の思いを味わうチームも現れる。

● 8区の記録

第1回の記録は1時間24分45秒。平塚市内を走った22.1kmの時代には、1958年に早稲田大学・加藤正之助が出した1時間11分11秒が記録だ。現行のコースとなった1970年以降は、実は5回しか区間新記録が生まれていない。そして現在の記録は1997年に山梨学院大学の1年生・古田哲弘が1時間04分05秒の記録を叩きだして以来、塗り替えられていないのだ。この年は西風が強く、前半で追い風が後押しした好条件で生まれた記録だ。

8区の主なポイント

Point1 【国道134号線】
スタートして湘南大橋を挟み浜須賀交差点までの9.6kmは、東に走るほぼ直線の平坦路。西風が吹けば追い風となり選手を後押しする。

Point2 【遊行寺の上り坂】
800mで高低差30mを駆け上がる勾配のきつい上り坂。前半に力をためて、ここでライバルに差をつける選手もいる。

Point3 【原宿交差点】
19.5km地点の原宿交差点から始まる2つ目の坂は、1.2km続く。余力がない選手はここでペースダウンすることも。

8区の主な記録

◎主な歴代参考記録

タイム	選手	学校	年	距離
1'24'45	赤塚勝次	東京高師	1920（1回）	不明
1'11'11	加藤正之助	早稲田	1958（34回）	22.1
1'03'15	松波慎介	順天堂	1965（41回）	20.2

◎現在の区間記録ベスト5 (1970～2016年まで　21.5km)

	タイム	選手	学校	年
1	1'04'05	古田哲弘	山梨学院	1997（73回）
2	1'04'12	大津顕杜	東洋	2012（88回）
3	1'04'21	下田裕太	青山学院	2016（92回）
4	1'04'26	奥田実	中央	2005（81回）
5	1'04'35	高久龍	東洋	2014（90回）

No.064
逆転劇も多い復路のエース区間・9区

戸塚中継所〜鶴見中継所までの23.1km。往路2区と同じコースを逆に走る。距離も長くアップダウンもあり復路のエース級が投入される。

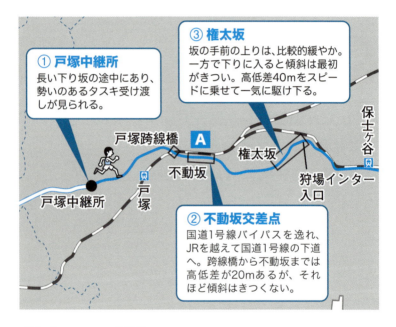

① 戸塚中継所
長い下り坂の途中にあり、勢いのあるタスキ受け渡しが見られる。

③ 権太坂
坂の手前の上りは、比較的緩やか。一方で下りに入ると傾斜は最初がきつい。高低差40mをスピードに乗せて一気に駆け下る。

② 不動坂交差点
国道1号線バイパスを逸れ、JRを越えて国道1号線の下道へ。跨線橋から不動坂までは高低差が20mあるが、それほど傾斜はきつくない。

【主なコース変更】

A 1954年までは、戸塚大踏切を渡り待ち時間のタイム修正したこともあった。1955年からは国道1号線バイパス(通称・ワンマン道路)に迂回し戸塚大踏切通過はなくなった。

B 1961〜1982年までは、横浜市内で横浜駅の北側を通るルートだったが、1983年から現在のコースになる。

C 横浜駅から鶴見までは黎明期は旧東海道を走っていたが、それに沿って国道15号線が整備されそちらを使うようになった。

9区コース解説

⑤ 鶴見中継所
生麦から鶴見中継所の手前までは直線が続くため、前を行く選手や中継車が離れていても見える。

④ 横浜駅前
ターミナル駅となる横浜駅の周辺は、沿道に応援客が大勢詰め掛ける。

〈高低差図〉

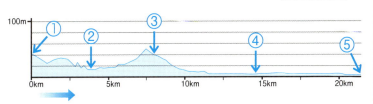

第3章 ● 箱根駅伝のコースと見どころ

139

No.065
9区のレース戦略と記録の変遷失

前半はアップダウンがあるものの、どちらかといえば下り基調。復路でもっとも長い距離を走るため、スタミナが勝敗を分ける。

●9区のコース特徴と戦略

　往路2区とまったく同じコースを逆に走る。距離は23.1kmあり、5区が短くなった2017年からは2区と並んで最長区間となる。戸塚中継所は長い下り坂の途中にあり、その後も戸塚跨線橋や権田坂などでアップダウンを繰り返すが、どちらかといえば下りの傾斜の方が厳しい基調のコースだ。一見、スピードが乗りやすいと思いがちだが、ここで飛ばし過ぎてペース配分を乱すと、後半の長い平坦路でバテてしまうことにもつながりかねない。また下り基調なのに、同じ距離の2区よりもタイムが出にくい。その大きな理由は、2区と9区の走行時間の違いにある。2区ではおおよそ、午前9時から10時過ぎに走るが、9区では11時過ぎから12時半にかけてが通過想定時間で2時間遅くなる。そのため気温が高くなり、選手にとっては条件が悪く、結果としてタイムが伸びにくい。それどころか、前半の下り坂で飛ばし過ぎると、後半にスタミナ切れを起こして失速する恐れすらある。また後半の国道15号線では直線路が多く見通しが効く。そこでかえって前走者を意識し過ぎてペースを乱すこともある。そのためか、総合優勝争いやシード権争いをする中でも、逆転劇が起こりやすい区間だ。また鶴見中継所では、タスキが途切れる悲劇のドラマも起こりやすい。

●9区の記録

　第1回の記録は1時間17分00秒。当初は今ほど距離が長くなかったが、1961年以降は最長のロングコースとなった。24.4kmのコースでは、1981年に大東文化大学・大隈広基が1時間13分30秒の記録を作っている。現行のコースとなった1983年以降は6回区間記録が更新されてきた。現在は2008年に中央学院大学・篠藤淳が1時間08分01秒を出したのが区間記録だ。

9区の主なポイント

Point1 【権田坂】

上りは緩やかで下りに入ると急坂になる。まだ前半のためペースを上げやすいが、ここで体力を使うと後半にバテやすい。

Point2 【横浜駅〜鶴見駅】

町中の平坦路が続く。長い直線もあり、前走者が見えることでペースを乱しやすい。気温が上がる時間帯で体力の消耗にも注意。

Point3 【鶴見中継所】

鶴見橋を過ぎればゴールが見える。下位の選手にとってはタスキが途切れるタイムリミットとの闘いで、無念の涙が流れることも多い。

9区の主な記録

◎主な歴代参考記録

タイム	選手	学校	年	距離
1'17'00	麻生武治	早稲田	1920（1回）	不明
1'06'49	横山和五郎	日本	1958（34回）	21.2
1'13'30	大隈広基	大東文化	1981（57回）	24.4

◎現在の区間記録ベスト5 (1983〜2016年まで　23.1km)

	タイム	選手	学校	年
1	1'08'01	篠藤淳	中央学院	2008（84回）
2	1'08'04	藤川拓也	青山学院	2015（91回）
3	1'08'29	矢野圭吾	日本体育	2014（90回）
4	1'08'39	塩川雄也	駒澤	2005（81回）
5	1'08'56	窪田忍	駒澤	2014（90回）

No.066
総合優勝の歓喜にわく大手町・10区

鶴見中継所〜大手町までの23.0km。20.2km地点の皇居前馬場先門までは1区と同じコースだが、日本橋へ迂回してフィニッシュを目指す。

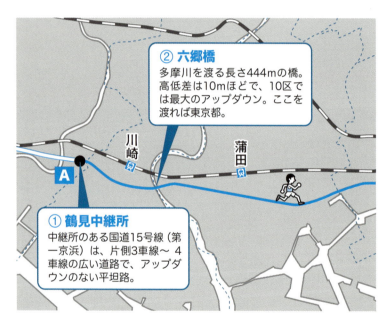

② **六郷橋**
多摩川を渡る長さ444mの橋。高低差は10mほどで、10区では最大のアップダウン。ここを渡れば東京都。

① **鶴見中継所**
中継所のある国道15号線(第一京浜)は、片側3車線〜4車線の広い道路で、アップダウンのない平坦路。

【主なコース変更】

A 鶴見中継所は黎明期には何度か移動を繰り返したが、1970年以後は現在の場所が使われている。

B フィニッシュ地点は最初が有楽町の報知新聞社前で数回変更になり、フィニッシュ前のコースもその都度変更されてきた。現在の大手町読売新聞社前になったのは1972年から。

C 1999年(第75回)から、馬場先門を右折し京橋・日本橋を経由してフィニッシュに向かう現在のコースになり、往路より1.7km長くなった。

10区コース解説

⑤ 大手町読売新聞社前
日本橋を渡って左折すると、フィニッシュまでは1km。JRのガード下をくぐると、残りは後400m。フィニッシュから選手が目視できる。

③ 芝5丁目交差点
ここから国道15号線から逸れ都道409号に入る。途中の増上寺前は、中継で必ずでてくる観戦ポイント。

④ 馬場先門
皇居前にある馬場先門の交差点を右折し東京駅脇のガード下を抜ける。箱根駅伝の最後の区間は都心を巡る晴れの舞台。

〈高低差図〉

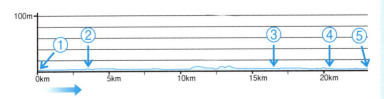

No.067
10区のレース戦略と記録の変遷

箱根駅伝のフィナーレを飾る晴れの舞台が10区。平坦ではあるが23.0kmと距離がある。思わぬドラマも起こり、最後まで目が離せない。

● 10区のコース特徴と戦略

　アンカー区間となる10区は、多摩川を渡る六郷橋とJRを越える新八ツ山橋で若干のアップダウンがあるものの、それ以外はほとんど平坦。また国道15号線では片側3～4車線の広い道路を走る。周辺は人口が多く交通の便も良く、通過時間帯が午後12時半から13時半過ぎであることもあり、沿道に応援の観客の姿が途絶えることはない。また気温がぐんぐん上がる時間帯でもあり、距離も23.0kmと長いので、選手にはスタミナが要求される。ただしエース級の選手が投入されることは少なく、時には思わぬ逆転劇を生むこともある。総合優勝争いでは、すでに9区までで大差がついていることが多く、その場合は凱旋レースの赴きを持つこともある。総合優勝を決めたチームは、すでに走り終えたチームメイトや監督などの関係者が、フィニッシュテープの先に揃って並び、アンカーが最後の400mを疾走して飛び込んでくるのを出迎えるのは風物詩となっている。一方で毎年白熱した戦いが繰り広げられるのが、中位のチームによるシード権争いで、彼らにとっては最後まで力を振り絞るギリギリの戦いが要求される。

● 10区の記録

　第1回の10区の記録は、1時間29分10秒。初期に22.3kmの距離だった時代には1958年に日本大学・瀬戸功夫が1時間10分05秒を、また21.3kmの時代には1984年に早稲田大学・遠藤司が1時間04分05秒を出したのが区間記録。1999年以降に23.0kmに延長されてからは6度の区間記録更新がなされたが、2007年に順天堂大学・松瀬元太が1時間08分59秒で走り、総合優勝のアンカーとなった走りが現在の記録。10区は気温が高い時間帯ということもあり、9区や往路2区に比べると、全体的にタイムは伸びない傾向にある。

10区の主なポイント

Point1 【六郷橋】
多摩川を渡る長さ444mの橋。10区最大のアップダウンだがコース前半にあるため、スパートなどをかける選手は少ない。

Point2 【蒲田〜三田】
道幅が広く見通しのいい国道15号線（第一京浜）を走る。離れた前走者が遠望できる場所が続く。

Point3 【京橋〜日本橋〜フィニッシュ】
東京の中心地だけあって、沿道の観客は多い。最後の400mはフィニッシュまで一直線だ。

10区の主な記録

◎主な歴代参考記録

タイム	選手	学校	年	距離
1'29'10	茂木善作	東京高師	1920（1回）	不明
1'10'05	瀬戸功夫	日本	1958（34回）	22.3
1'04'05	遠藤司	早稲田	1984（60回）	21.3

◎現在の区間記録ベスト5（1999〜2016年まで　23.0km）

	タイム	選手	学校	年
1	1'08'59	松瀬元太	順天堂	2007（83回）
2	1'09'05	山田紘之	日本体育	2005（81回）
3	1'09'08	大津顕杜	東洋	2014（90回）
4	1'09'36	山本憲二	東洋	2011（87回）
5	1'09'40	高岡弘	早稲田	2005（81回）

No.068
頻繁に変わったスタート／フィニッシュ地点

箱根駅伝のスタート／フィニッシュは、数年間の例外を除き、共催新聞社の本社前に置かれてきた。新聞社の移転でスタートも変わった。

●これまで7回変わったスタート／フィニッシュ地点

1920年に行われた第1回大会では、有楽町にあった報知新聞社の前がスタート／フィニッシュ地点となった。これは、他にも駅伝大会などを主催していた報知新聞社が、学生レースである箱根駅伝も共催という形で支援についたことが理由だ。有楽町を出て銀座4丁目の交差点を右折し、新橋を通って旧東海道を品川方面にたどったという。

第2回と第3回大会は、スタート／フィニッシュ地点が日比谷公園音楽堂に移った。ただし、当時は日比谷野音で知られる野外音楽堂が完成していなかったので(1923年完成)、現在も残る小音楽堂の方であったと思われる。その後、1923年(第4回)から1940年(第21回)までは、再び報知新聞社前に戻る。ただしコースは、日比谷交差点を左折して現在の都道409号線を増上寺方面に向かうルートに変更されている。

1943年に開催された第22回は、戦時の特殊事情があり靖国神社大鳥居前が使われたが、戦後の再開となった1947年(第23回)は、再び報知新聞社前に戻る。翌1948年は、報知新聞社が読売新聞社に吸収され、共催も変わった。そのためスタート／フィニッシュ地点も、当時は銀座にあった読売新聞社前に変わった。さらに読売新聞社の本社社屋が大手町に移転したのに伴い1972年(第48回)から大手町読売新聞前に移り、現在に至る。

同様に、箱根の往路フィニッシュ／復路スタート地点も、現在の芦ノ湖駐車場入口になったのは1972年(第48回)から。1920年(第1回)〜1931年(第12回)までは箱根小学校前(現在の箱根関所跡)に設けられていた。その後、1932年(第13回)〜1940年(第21回)と1947年(第23回)〜1968年(第44回)は箱根郵便局前、1943年(第22回)は箱根神社、1969年(第45回)〜1971年(第47回)は大観山入口と、移り変わってきた。

スタート・フィニッシュ地点の変遷

第22回
靖国神社大鳥居前
● 戦時下での特別開催。

第48回～第92回
大手町読売新聞社前
● 読売新聞社の本社社屋が移転したため。

第2回～第3回
日比谷公園音楽堂前
● スペース確保のため。

第1回／第4回～第21回／第23回
有楽町報知新聞社前
（現在の有楽町ビックカメラ）
● 共催新聞社が報知新聞だったため。

第24回～第47回
銀座読売新聞社前
（現在のプランタン銀座）
● 新聞統制により報知新聞が読売新聞に吸収合併。大会共催も読売新聞社に変わったため。

関連項目
● 箱根駅伝を支える新聞社→No.080

No.069
ドラマが生まれる中継所

タスキの受け渡しが行われ、箱根駅伝のアクセントとなるのが中継所。
コースの変更や距離変更により、幾度も移動を繰り返してきた。

●タスキの受け渡しが幾多のドラマを生んできた

　箱根駅伝のコースには、往路・復路ともに、鶴見中継所、戸塚中継所、平塚中継所、そして小田原中継所の4か所の中継所が設けられる。中継所でのタスキ受け渡しシーンは、箱根駅伝の見どころの一つだ。中継所に近づいた選手たちは、数百m手前からタスキを外して手に握り、受け渡しに備える。各中継所には中継線が設けられ、次区間の走者はその線上で前走者を待ち受ける。前走者が接近しているときは、先のチームから順に車道側から歩道側に向かって次走者が並ぶ。団子状態で複数の選手が飛び込んでくるときなどは、迫力のある受け渡し光景が繰り広げられる。

　また規定では、中継線を越えてから20mの範囲でタスキを受け渡すと定められている。そのため、フラフラになりながら近づく前走者を、声で励ましながらジリジリと中継線上で待ち受ける姿なども、お馴染みの光景だ。

●コース変更に伴い、移動を繰り返してきた各中継所

　各中継所が置かれている地点は、各校の選手や関係者の待機場所や救護テントなどを設営する必要があり、周辺にスペースが必要だ。そのためドライブインや地元企業(店舗)の駐車場などがある場所が選ばれている。

　各中継所はコースの変更や各区間の距離の変更などに伴い、頻繁に場所を移してきた。例えば平塚中継所は、1960年(第36回)までは内陸の現国道1号線を走るコースで、その沿道に置かれていた。しかし1961年(第37回)からは海沿いの国道134号線にコースが変わり、花水川河口に移された。また2017年からは、往路の4区／5区のコースは変わらないものの、小田原中継所が箱根方面に2.4kmずらされ、4区が長くなり5区が短縮される。この他、場所は変わらないが名称のみ変更になることも多々あった。

中継所の構造

◎中継所の構造

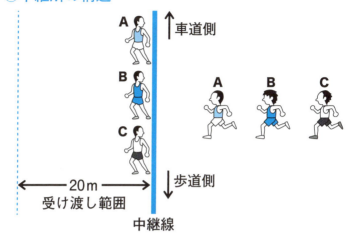

中継所変更理由の例

●コースの大幅変更／平塚中継所

1961年（第37回）から藤沢から海沿いの国道134号を走るコースに大幅に変更となり、平塚中継所も海沿いに移転。

●区間の距離変更／小田原中継所（往路）

2006年（第82回）から往路のみ2.4Km手前の小田原市街地にあるメガネスーパー前に移動。2017年より、以前の風祭・鈴廣前に再び戻される予定。

●名称のみ変更／戸塚中継所（復路）

復路・戸塚中継所の場所は、1961年（第37回）から変わっていない。しかし、目印となる建物に入る企業名が変わったため、名称のみが8回も変更されている。

No.070
レース展開を左右する気象条件

選手に襲い掛かる気象条件も箱根駅伝の大きな要素。近年、降雪は少なくなったが、強風や気温の違いなどが大きなファクターになる。

●雪は少なくなったが、強風や気温の変化に注目

　一般道を使う長距離ロードレースの箱根駅伝では、様々な気象条件がレースの展開やタイムに大きく関わってくる。特に注目したいのが、雪・風・気温の3つの要素だ。

　雪は、特に箱根山区間の5区6区で大きく関わってくる。レース中の降雪はもちろんだが、もっと厄介なのは事前に降り積もった雪や路面凍結だ。ただし1月初旬はイメージほど降雪は多くない。過去には1937年の復路で大雪が降り、1978年には25cmの積雪の中で行われたこともあったが、関係者が除雪に努め凍結防止剤を撒くなどの努力の結果、これまで中止や延期は一度もない。近年では温暖化の影響もあり1986年以降で積雪はない。

　2つ目の風については頻繁に影響が出る。この時期、北から西の風が吹くことが多いが、東西方向にコースが設定されているので、西風が厄介だ。特に西方向への直線が多い往路の3区と4区では、向かい風となる。もっとも復路では逆に追い風になるので、一概にマイナスとは限らない。また強い北風は、吹きさらしになる橋の通過時に選手を苦しめる。

　気温については、高低いずれも注意が必要だ。例えば5区の国道1号線最高地点付近。気温が低く冷たい山風が吹き抜けるエリアのため、それまでの山登りで体力を消耗した選手に低体温症の危険が降りかかる。それによる急激なペースダウンが引き金となり後続に逆転されることも少なくない。

　一方、気温の上昇がタイムに影響するケースもある。気温が高いとスタミナを消耗しやすい。例えば同じコースを逆に走る往路2区と復路9区。下り基調が多い9区がタイムを出しやすく感じるが、実際には2区の方が速い。投入される選手の力の差に加え、2区の通過時刻が午前9時〜10時なのに対し、9区は気温が上がる11時〜12時半、その差がタイムに表れるのだ。

気象条件の影響

気象条件がレース展開を大きく左右する！

 特に山登り、山下りに雪は大敵！

過去には…
- 1937年復路で大雪！
- 1978年25cmの積雪！　などあるが…

- これまで、降雪や積雪で中止・延期になったことはない！

  > 関係者による除雪や路面凍結防止など涙ぐましい努力のおかげ。

- 温暖化の影響か、1986年以降は路面積雪でのレースはない。

 冬場の西風は、往路の大敵、復路の味方。

3区／8区や4区／7区では、遮るもののない直線が多い。

⬇

往路では …向かい風に抗って走ることになる。
復路では …追い風で選手を後押しすることもある。

 走る時間によっても気温が大きく変わってくる。

| 寒すぎると | ➡ | 選手が低体温症を引き起こす危険が！ |
| 暑すぎると | ➡ | 選手のスタミナを奪い、タイムが伸びない！ |

踏切待ちのタイムラグが選手を悩ます

　公道を使う箱根駅伝のコースには、かつて4か所の踏切越えが存在した。1区／10区で通過した京急蒲田第一踏切、2区／9区にあった旧国鉄戸塚駅横の大踏切。4区／7区の旧国鉄大磯駅近くにあった大磯踏切。そして最後が5区／6区の箱根路の途中にある箱根登山鉄道の小涌谷踏切だ。こういった公道コースならではの踏切通過では、かつては様々なドラマが生まれた。特に戸塚の大踏切は、いくつもの路線が集まるため幅が広く、当時から開かずの踏切として有名だった。日本の交通路の要となる路線だけに電車が通過するときもそちらが優先で、選手たちは遮断機が上がるのを待たなければならなかったのだ。せっかくライバルを引き離したのに、踏切待ちで追いつかれたり、逆にギリギリ通過して後続を引き離すことに成功したりと、戸塚の大踏切では様々なドラマが生まれたという。

　これは京急蒲田の踏切も同様で、踏切自体の幅は戸塚の大踏切に比べ短いが、やはりここの通過は大きなポイントとなった。特に復路10区ではなおさらだ。近年では2001年にシード権争いを演じていた日本大学と帝京大学の選手が踏切に引っかかり、16秒のタイムロスを強いられた。もちろん、その待ち時間分はタイムから引かれて修正されるのだが、それでも選手に与える心理的影響は大きいものがある。さらに2008年にはシード権内の順位で走行していた東海大学の選手が、踏切のレールで足を滑らせ捻挫。その結果リタイアを余儀なくされ、翌年のシード権も失ってしまった悲劇も起きた。

　このように良くも悪くも箱根駅伝名物であった踏切通過も、今や残るは1か所のみ。大磯踏切は1952年に大磯ガードとなり廃止、その後コースも変更となった。戸塚の大踏切は1955年（第31回）に、2区のコースが大幅変更。手前で国道1号線から逸れ、跨線橋で東海道線を越えてバイパスに抜けるルートとなり、踏切通過はなくなった。ちなみに、近年まで開かずの戸塚大踏切は存在しており、朝の通勤ラッシュ時にはなんと1時間で50分以上も開かずのままという状態だった。しかしそんな名物踏切も、2015年に車専用のアンダーパスと歩行者用の高架橋が完成し、惜しまれつつも（？）廃止となった。

　そんな中、京急蒲田第一踏切は2012年（第88回）まではコース上に存在し、前途のようにレースの綾となり続けたが、ようやく線路の高架工事が完成し踏切は廃止、2013年からは姿を消した。今や残るのは、箱根路の小涌谷踏切だけである。ただしここでは、箱根登山鉄道の協力により、選手通過時は電車の方が停車して待つというのが伝統的な姿。ここの踏切通過ぐらいは、箱根駅伝ならではの名物風景として今後も残しておきたいものだ。

　また線路を跨いで越える跨線橋は、コース上に3か所ある。1区／10区の新八ツ山橋、2区／9区の戸塚跨線橋、3区／8区の藤沢跨線橋だ。さらに復路7区の終盤には国道1号線から分岐してそのまま跨いで交差する橋もあり、これらの登り下りは短いながらもコースのアクセントになっている。

第4章
大会を支える人々と環境

No.071
箱根駅伝の歴史に輝く名将の系譜

箱根駅伝には、選手を育て勝利を重ねてきた幾多の名将が知られている。その名将が育てた弟子の中から、新たな名将が育っていく。

●強豪校で引き継がれる師から弟子への勝利の法則

　箱根駅伝を代表する名将として語り継がれるのが、早稲田大学競走部を率いた名伯楽・中村清監督だ。戦後すぐの1947～1959年までと1977～1984年までの計21大会を戦い、3度の総合優勝に輝いた。伴走車のジープからメガホンを通して選手を鼓舞し、特に4年生走者には早稲田校歌「都の西北～」を歌って背中を押す姿は多くの箱根ファンに愛された。その中村監督が育てた最高傑作が、日本を代表するマラソンランナー・瀬古俊彦だ。瀬古は4年間を花の2区で走り2回の区間新記録。優勝には届かなかったがその後の活躍はあまりにも有名。そして現役引退後に4年間、早稲田大学のコーチに就任し、その最終年の1993年（第69回）に優勝を果たしている。そのときの優勝メンバーで2区を走った渡辺康幸は、その後に低迷した母校の建て直しを託され、2004年から早稲田大学競走部監督に就任。2010年（第87回）に優勝し、伝統校復活を成し遂げた。ちなみに1993年のメンバーからは、櫛部静二（現・城西大学監督）、花田勝彦（現・上武大学監督）と、他にも箱根駅伝新鋭校の監督を輩出しているのは興味深い。

　監督としての優勝回数では、順天堂大学を23年間率いて黄金期を築いた澤木啓祐監督（現・名誉総監督）の9回がトップ。彼もかつては選手として活躍し、順天堂大学陸上競技部の礎となった帖佐寛章監督のもと、1963年（第39回）から4年連続2区を走った。1966年（第42回）の初優勝メンバーでもある。また澤木監督は、医学やスポーツ科学を全面的に取り入れた選手育成を実践し、日本の陸上界に大きく貢献したことでも知られる。そしてその教え子の中には、山梨学院大学で初めて留学生を登用し3度の総合優勝を果たして強豪校へと押し上げた、上田誠仁監督がいる。彼もまた、1979年（第55回）と1981年（第57回）に優勝を経験した選手だった。

名将の系譜

受け継がれる伝統

中村清 — 早稲田大学競争部出身。1947〜1959年までと1977〜1984年まで指揮を執る。総合優勝3回。

→ **瀬古俊彦** — 1976〜1980年に2区で出場し、1993年（第69回）総合優勝。コーチとして1990年から4年間指導。

→ **渡辺康幸** — 1992〜1996年まで出場。数々の名勝負を演じる。監督として、2010年（第86回）に1993年以来17年ぶりの総合優勝。

澤木啓祐 — 順天堂大学初優勝のメンバー。監督として23年間母校を率い、黄金期を築く。医学やスポーツ科学を全面的に取り入れた選手育成を実践。

→ **上田誠仁** — 順天堂大学陸上競走部出身で2回の優勝を経験。山梨学院大学の監督として初めて留学生を登用。

◎監督の優勝回数

- 1位 **澤木啓祐監督** 9回／順天堂大学／1979〜2001年
- 2位 **西内文夫監督** 8回／中央大学／1955〜1964年
- **岡野章監督** 8回／日本体育大学／1969〜1980年

優勝回数の多い3人の監督に共通すること

- 多年度の連覇を経験し、母校の黄金期を築く。
- 母校の陸上部出身。
- 就任初年度と最終年度に総合優勝を飾る。

関連項目
- ライバル校のエース同士が魅せた名勝負→No.003 ●時代とともに移り変わった伴走車の歴史→No.074
- 意外に少ない親子鷹選手→No.013

第4章●大会を支える人々と環境

No.072
21世紀を彩った3強を率いる名監督

現在、箱根駅伝の勢力図は、駒澤大学、東洋大学、青山学院大学の3強を中心に回っている。それを率いるのが、個性豊かな監督たちだ。

●3人の監督の成功の影には、それを支える夫人の姿があった

　2016年現在、有力チームを率いる現役監督の中でもっとも実績を誇っているのは、駒澤大学の大八木弘明監督だ。高校を出て一度は就職するも箱根に出たい一心で、24歳で駒澤大学に入学。当時の年齢制限規定に引っかかるまでの3年間、箱根駅伝では2回の区間賞を獲得した経歴を持つ。その後1995年から母校のコーチに就任し、寮母となった夫人の協力を得て徹底的に選手たちの日常生活から変革。コーチとして1回、助監督として2回、そして監督として3回の総合優勝をなしてきた。選手を後押しする独特のダミ声による檄は、今や箱根駅伝の名物ともいえる熱血監督だ。

　一方、10年で4度の総合優勝で強豪校の仲間入りした東洋大学の酒井俊幸監督は、初優勝を飾ったばかりのチームを引き継いだ2009年には、若干32歳の若手指導者だった。自身も2度箱根を走ったOBだが、監督就任2年前の高校教員時代に、当時無名だった新山の神・柏原竜二を見出した。その慧眼を買われ母校監督に就任し、柏原とともに2勝。その後も2014年に、自ら育てた設楽兄弟らの選手とともに3度目の総合優勝をあげた。

　そして、今もっとも勢いのあるのが、直近の2015～2016年に青山学院大学を総合2連覇に導いた原晋監督だろう。青山学院大学は、初出場はなんと1943年と古豪ながらも、1965年～1976年まで12回連続出場した後はなかなか本戦出場に届かないチームだった。その建て直しを託され、2004年に36歳で監督就任。5年目の2009年に念願の本戦出場にチームを導き、そしてついに総合2連覇を成し遂げる。しかも2015年は初の総合タイム10時間50分を切り、2016年には完全優勝を果たすなど新たな歴史を作り上げた。

　酒井監督、原監督ともに抜きんでた若手指導者だが、それぞれの夫人もまた、大八木夫人同様に学生を身近で見守る母代わりを務めている。

3強の監督

新たに生まれる潮流

大八木弘明

●確固たる実績を持つ熱血監督

もともと高校陸上の実力者。一度就職した後、駒澤大学に入学。
24歳の1984年から3回出場し、区間賞をとるなど活躍。
1995年からコーチ、2002年助監督、2004年監督就任。
合計6回の総合優勝にチームを導く。

酒井俊幸

●慧眼を買われた若手監督

東洋大学陸上部出身。箱根は3回出場。
実業団を経て2006年に母校の高校に戻り、大会で見かけた柏原竜二を東洋大に誘う。2009年監督就任。当時32歳。
合計3回の総合優勝。

原 晋

●2連覇中の新進気鋭監督

長距離実力校の広島県世羅高校出身。中京大学に進学後、中国電力に入社。2004年、青山学院陸上競技部監督に就任。
2009年に33年ぶりの本戦出場、2015年初優勝。2016年完全優勝で2連覇を果たす。

それぞれの監督夫人も、寮母として学生の健康を支える母代わりを務め、貢献している。

関連項目
●天下の険に君臨する「山の神」→No.006　　●華を添える兄弟・双子選手の活躍→No.014

No.073
強豪チームには有能な主務が欠かせない

レース当日の献身的なアシストだけでなく、日常生活から練習まで
チームに欠かせない存在がマネージャーとその長である主務だ。

●チームマネジメントの要となる主務

　どんなスポーツでも、選手だけで戦うことは困難だ。練習の手伝いやタイム計測、試合中の様々なアシストなど、日常から試合まで選手を支える役目の学生が必要だ。彼らは一般にマネージャーと呼ばれており、有力校なら各学年に複数いるのが普通。チーム戦である箱根駅伝では、そんな裏方の力がチーム力を向上するには欠かせないといわれている。チームにもよるが、そのマネージャーたちを束ねチームの裏方を取り仕切る役を特に主務と呼んでいる。強豪チームや勢いのあるチームには、有能な主務が不可欠とさえいわれているのだ。

　主務の役目は、単なるマネージャーの領域に収まらず、チーム全体のマネジメント業務全般に携わる。例えば、監督やコーチの指示を受け、練習スケジュールの作成に携わることもあれば、関東学生陸上競技連盟との連絡役として対外的な雑務を処理したり、所属の学生の登録やレースへのエントリー届を提出したりなども、主務が担う仕事とされる。一方で、自身も学生であることから、選手たちのコンディション管理を身近な立場から行い、時にはメンタル的なケアに気を配り、監督やコーチと選手との橋渡し役になることもある。そしてレース当日は、チームのバックアップを取り仕切るため、もっとも忙しい存在だ。

　主務やマネージャーを務める学生は、最初は選手として入部しながら、なんらかの理由で選手を断念し転身したケースが多い。しかし最近では、スポーツマネジメントそのものが注目を集めるようになり、最初からマネージャー志望でチームに加わる学生も珍しくはない。また神奈川大学を率いる大後栄治監督のように、学生時代のマネージャー経験を糧に指導者への道を歩んだ例もある。

主務の仕事

主務とは？
選手を支えるマネージャーたちを束ね、チームの裏方を取り仕切る役。選手強化にはその力が欠かせない。

◎主務のお仕事

- 練習メニューの作成
- 学連との連絡役
- 練習の補助
- 対外交渉
- コンディション管理
- スケジュール調整
- メンタルケア
- 登録やエントリーなどの手続き
- 監督と選手の橋渡し

…etc.

近年はマネージャー志望でチームに加わる学生もいる。

◎主務から指導者に　神奈川大学・大後栄治監督

箱根駅伝出場を目指し日本体育大学に入学するも、故障により選手を断念。2年次からマネージャーに。

▼

大学院に進み指導者への道へ。

▼

1989年神奈川大学陸上部の長距離コーチに就任

▼

1992年（第68回）18年ぶりの本戦出場、1997年（第73回）、1998年（第74回）総合2連覇！

▼

1999年〜正式にチーム監督に就任。

関連項目

●箱根を目指す選手の生活とトレーニング→No.084　●駅伝選手の1年間のスケジュール→No.085

No.074
時代ともに移り変わった伴走車の歴史

現在は、各チームに1台ずつの運営管理車が用意され、監督と補助者が大会役員と乗り込むが、かつては監督車を各チームが用意した。

●かつてはサイドカーやジープが活躍した伴走車

　箱根駅伝の中継を見ていると、各ランナーの後ろに伴走車がつきそう。伴走車の歴史は古く、かつてはチームごとに監督車を用意していた。黎明期にはサイドカー（側車付オートバイ）が使われ、大正末期の第7回大会の写真に見ることができる。側車に乗った監督が選手に檄を飛ばす姿は、箱根駅伝の名物。財力のあるチームはそれ以外にトラックや乗用車などを調達し、関係者も伴走して応援。一方自転車で選手を追う姿もあった。

　その後1959年ごろからは、サイドカーに代わりジープが使われるようになる。1973年（第49回）からは陸上自衛隊に協力を要請し、各チームの監督車には自衛隊のジープが使われた。ドライバーも自衛隊員が担当した。監督は身をのりだし、スピーカーを通して選手に指示を送り鼓舞した。

　しかし時代とともに交通事情の悪化から、チームごとに1台の監督車は廃止される。1989年（第65回）からは3台の監察車が用意され、各チームの監督がレース展開に応じて相乗りするスタイルとなった。チームごとの自前の伴走車によるサポートや応援も禁止となる。しかし今度は、細かいアクシデントなどに対応しきれないという問題が生じるようになった。

　そこで2003年（第79回）から、選手ごとに運営管理車が伴走する現在のスタイルに変わった。運営管理車は主催者が用意し、競技運営委員と走路管理員が乗る。そこに各チームの監督もしくはコーチと補助者の計2名が同乗する形となっている。昔のようにスピーカーを使った応援はないが、それでもときおり車から大きな地声で飛ばされる監督の檄は、今も名物の一つ。また運営管理車の車両とドライバーは公募され、2003～2010年まではホンダ車が使われていたが、2011年以降はトヨタ車に変わった。それ以外のマイクロバスなどのサポート車両もトヨタ車が使われている。

伴走車の歴史

黎明期の伴走車

サイドカーに監督が乗り選手に伴走。

チームが独自にトラックなどを調達し、応援。

発展期の伴走車

サイドカーに代わりジープが使われるようになった。

1973年からは陸上自衛隊が協力。ドライバーは自衛隊員に。

1989年〜　3台の監察車に監督が相乗り

2003年〜　選手ごとに運営管理車が伴走

- 主催者が用意した車に指導者、補助者、競技運営委員、走路管理員の4名が乗る。
- 車両とドライバーは公募。

関連項目

●現地観戦でコースに現れる隊列は？→No.097

No.075
レース中の給水ルール

コース中には給水ポイントが設けられ、給水員が選手にボトルを手渡す。5区の上りは3か所設けられるが、下りの転倒が怖い6区にはない。

●かつての監督が並走して手渡す姿は見られなくなったが…

　長距離レースでは欠かすことができないのが給水だ。マラソンなどの長距離レースでは、給水所を設けて選手が自ら給水ボトルを手にとるのが通常だが、箱根駅伝は独特の給水スタイルを行っていた。すなわち、伴走車に乗った監督が選手に給水ボトルを手渡すという方法だ。伴走車から選手の状況を見定めて給水のタイミングと判断した場合は、伴走車を選手の前方に出して停め、車から降りて監督自らが並走しながらボトルを直接手渡した。その光景もまた、箱根駅伝ならではであった。

　しかし、この方法ではレース展開によっては交通障害を引き起こしかねないとの理由から変更され、現在では監督が直接手渡す姿を見ることはできない。2014年(第90回)までの給水ルールは、任意の手渡し2回と15km地点の給水ポイントであったのが、翌年から固定の給水ポイントのみに変更された。2区〜4区と7区〜10区はコース中の10kmと15km地点の2か所に給水ポイントが設けられた(9区は10kmと14.4km)。また上りの5区は9.5km、18km、22kmの3か所に設置される。一方、1区と6区には給水ポイントはない。時間が早く気温が低いので必要性が低いことに加え、特に6区は下りが続くため、しばしば給水での転倒などのアクシデントがあったためだ。

　それぞれの給水ポイントには、各チームの給水員が1名配置され、水の入ったボトルとスポーツドリンクが入ったボトルの2本を持って待機する。そして走ってくる自チームの選手に最大50mを並走しながら手渡すのは、今も変わっていない。給水員は大会出場できなかったチームメイトが務めることが多く、中継で取り上げられることもある。また給水されるのは主催者から支給されるオフィシャルなペットボトルが使われ、給水が終わって選手が放棄したボトルは各チームのスタッフによって回収される。

レース中の給水ルール

給水方法

給水できるのはオフィシャルが用意した水とスポーツドリンクのペットボトルのみ。

給水ポイントに各チームの給水員が待機。

自チームの選手が来たら、2本のペットボトルを給水員が持って最大50mまで並走して手渡す。どちらか片方でも2本とも渡してもよい。

選手が飲み終わって放棄したボトルは、各チームで回収する。

2015年以降の給水ポイント

No.075 第4章●大会を支える人々と環境

No.076
歴史ある関東学生陸上競技連盟

関東学生陸上競技連盟は、箱根駅伝や関東インカレを主催する。その歴史は古く、創設以来日本の陸上競技の歩みとともに発展した。

●第1回箱根駅伝の前年に創設された

　箱根駅伝を主催する関東学生陸上競技連盟の歴史は古い。第1回の箱根駅伝が開催された前年の1919年（大正8年）に、全国学生陸上競技連合として創設されたのが始まりだ。その創設者の中には、箱根駅伝の生みの親である金栗四三（かなぐりしそう）の名前もあり、以来、箱根駅伝と歩を同じくして発展してきた。ちなみに日本陸上競技連盟の創設は1925年だが、こちらの創設にも金栗四三らの全国学生陸上競技連合の創設メンバーが深く関わっており、そのルーツは同じともいえる。

　現在は、関東以外の7つの学生陸上競技連盟とともに公益社団法人日本学生陸上競技連合の下部組織として活動を続けている。主催イベントとして箱根駅伝と双璧をなす関東学生陸上競技対校選手権大会（関東インカレ）は、その第1回が1919年とさらに古く、2016年の大会で実に95回目を迎えた。この他、関東大学女子駅伝対校選手権大会や関東学生新人陸上競技選手権大会なども主催している。その傘下に入るのは東京・神奈川・千葉・埼玉・茨城・栃木・群馬・山梨にある大学や大学院の陸上部で、2012年の時点で135団体が加盟している。原則は各校1団体なので、例えば正式加盟した陸上部がある場合は、同校の陸上同好会などの団体は加盟することはできない。面白いのは大学と大学院は別校とされていることで、○×大学陸上部と○×大学院陸上部が別途に加盟する場合も多い。また規定では短期大学や高等専門学校も含まれるが、現在の加盟校はない。

　学生陸上の団体だが、名誉会長や会長以下、役員の多くはOBたちで構成されそうそうたる名前が並ぶ。一方で現役の学生も執行部に加わっており、幹事長や副幹事長、幹事、会計などの他に、各校から1名の代表委員が選出される。大会運営などの実務は、学生が自ら取り組んでいる。

関東学生陸上競技連盟とは

関東学生陸上競技連盟とは？

金栗四三らによって1919年（大正8年）に創設された関東の大学とそれに準じる学校の陸上競技部の連盟。

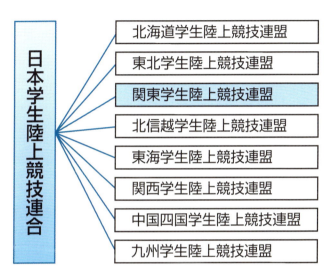

●加盟地域

東京・神奈川・千葉・埼玉・茨城・栃木・群馬・山梨

●加盟条件

大学・大学院・短期大学及び高等専門学校（第4・5学年）が公認している陸上競技関連の競技部。原則は各校1団体。

●箱根駅伝以外の主な主催大会

・関東学生陸上競技対校選手権大会（関東インカレ）
・関東大学女子駅伝対校選手権大会

関連項目

●箱根駅伝の生みの親・金栗四三→No.019　　●箱根駅伝に出場できる大学は？→No.022

No.077
箱根駅伝当日のスタッフは？

正月2～3日の大イベントとなった箱根駅伝では、一般道路を使うために多くの人手が必要となる。その主力となるのが学生の補助員だ。

●選手以外にも多くの学生が補助員として参加

　一般道路を使う箱根駅伝では、その運営に関東学生陸上競技連盟に加盟する多くの学生が携わることで成り立っている。加盟各校が派遣する補助員と呼ばれる学生たちだ。内規では、本戦出場校は各10名以上、予選会参加校からは各15名以上の補助員を出すことが求められているが、実際にはそれを超える多くの学生が参加する。例えば2016年(第92回)大会では、実に65校から総勢1400名以上の補助員が参加している。中には、102名が参加した日本体育大学をはじめ、60名参加の国士舘大学、55名参加の日本大学、50名参加の東海大学など、部員数の多い大学が大量の補助員を出すことで大会を支えている。ただし部員数が少なかったり予選会に参加できなかった大学からも補助員の参加がある。また箱根駅伝自体は男子の大会だが、補助員には女子も多く参加している。女子部員しかいない東京女子体育大学からも、20名の補助員が参加しているのだ。大学によってはOBやOGがボランティア参加することもあるようだ。

　こういった補助員は、沿道の交通整理を行う走路員として配置されたり、各中継所運営のアシスタントを務めたりする。例えば中継所での業務としては、審判員の指示で待機する次走者を誘導し、飛び込んできた前走者にタオルをかけて介添えするのも補助員の役割だ。大変なのは周囲を囲む観客の交通整理だが、一方で観客にプログラムを販売するなどの仕事もある。

　ただし学生だけでは担えない業務も少なくない。例えば各中継所や伴走車両の医務車に乗り込むメディカル・ボランティアには、加盟大学OBの現役のお医者さんが参加し、中継所に近い医療機関からの支援も受けている。この他、各地域の警察関係者や自治体関係者・自治体が募集した地元ボランティアの方々も、交通整理や様々な形で箱根駅伝を支えている。

当日のスタッフ

◎箱根駅伝のスタッフ

補助員
- 大会に参加する学校の学生。本戦出場校から各10名以上、予選会参加校から各15名以上が求められる。
- 2016年は65校から1400名以上が参加。日本体育大学の102名が最多。
- 女子も参加。

主な仕事①　走路員
沿道の交通整理

主な仕事②　中継所アシスタント
- 中継所整理
- プログラム販売
- 繰り上げタスキ管理
- 走者タオル掛け
- 給水

ボランティア
- メディカル・ボランティア
   …… 各中継所や医務車に待機する医療スタッフ。加盟大学のOBや沿道の医療機関が支援。
- 地元ボランティア
   …… 自治体関係者・自治体が募集。交通整理など。

協力機関
- 沿道の市町村など各自治体
- 沿道の各警察署、消防署
- テレビ局や各種メディアなどの報道機関

関連項目
- 歴史ある関東学生陸上競技連盟→No.076
- 交通規制と警備体制→No.078
- ディープに観戦するための情報収集→No.090

No.078
交通規制と警備体制

沿道を絶え間なく応援の観客が埋め尽くす箱根駅伝では、その交通整理だけでも大変だ。またレースの前後は、道路が交通規制される。

官に走路員、さらには警備会社派遣の警備員も動員される

　1月の2～3日の2日間にわたり開催される箱根駅伝は、沿道に詰めかける応援の観客数も桁違い、毎年100万人をゆうに超える。一般道を使って行うロードレースのため、安全確保のための交通規制は毎年の悩みの種だ。沿道の警備を担当するのは、1区と10区の大手町～六郷橋までの都内区間は警視庁交通規制課。また六郷橋を越え神奈川県に入ってから箱根芦ノ湖までは、神奈川県警交通規制課の管轄となり、地域の所轄警察署が実際の警備にあたる。例えば東京都内だけでも、丸の内警察署、中央警察署、愛宕警察署、三田警察署、高輪警察署、品川警察署、大井警察署、大森警察署、蒲田警察署と、実に9か所の警察署管内を通ることになる。沿道の警備には、それぞれの所轄の警察官が交通規制を担当、その指示のもとに、走路員と呼ばれる学生ボランティアが交通整理の補助にあたる。その他、中継所周辺や駅の近くなど特に沿道の観客が多い地点では、警備会社から派遣された警備員も動員されて、交通整理にあたっている。

　レースに伴う交通規制は、選手たちが通過する予定時刻の前後に行われるが、その時間の幅はエリアによってまちまち。例えばスタート直後で選手があまりばらけていない1区の日比谷付近では、道路規制時間は、1月2日朝8時からわずか5分程度。同じ1区でも後半の六郷橋付近では8時50分から9時までの10分間が交通規制予定時刻だ。そしてこれが5区の小田原中継所付近となると11時ごろから12時50分ごろまでの1時間50分もの交通規制となる。レースの先頭が近づくと交通規制をスピーカーでアナウンスする先導車に続き、先導のパトカーや白バイがやってくる。また全選手が走り終わり関係車両がすべて通り過ぎた最後に、最後尾をアナウンスする広報車両がやってきて、交通規制が解除される。

交通規制と警備体制

◎沿道応援の禁止事項

はみ出し禁止

道路上にはみ出しての応援は禁止。歩道内から応援。また選手は歩道側ギリギリを走ることも多いので、歩道から手や身体をはみ出しての応援は危険。

危険行為は NG

・脚立を使った応援は危険。

・自動車や自動二輪車、自転車で並走しての応援は危険なので禁止。歩道でもダメ。

・コース周辺での無人飛行機（ラジコン・ドローン）の操縦・飛行は禁止。

応援、旗のルール

・ガードレールや橋などの公共物に旗やのぼりを括りつけることは道路交通法違反。

・スタート地点、フィニッシュ地点、中継所前後100m以内は出場校を示す物の掲出は禁止。

・往路スタート、元箱根付近、復路フィニッシュ周辺での応援団活動場所はそれぞれ定められた地点で行う。

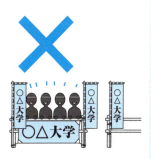

関連項目

●箱根駅伝当日のスタッフは？→No.077　　●現地観戦でコースに現れる隊列は？→No.097
●駅伝の名物、先導する白バイの雄姿→No.079

No.079
駅伝の名物、先導する白バイの雄姿

先頭走者の映像に一緒に映る白バイ隊員もお馴染みの光景だ。東京都内は警視庁が担当し、多摩川を越えると神奈川県警が担当となる。

●確かな運転技術が求められる先導役の白バイ

　箱根駅伝警備の花形といえば、先頭走者を先導する2台の白バイだ。テレビ中継車からの映像にしばしば映り込む背筋を伸ばしてバイクを操る白バイ隊員の姿は、カッコイイの一言。また、先導する白バイ隊員の氏名は簡単なエピソードとともに中継でも告げられ、その姿に憧れた少年も多い（箱根駅伝のプログラムには、警視庁や神奈川県警の警察官募集の広告が入り、そこには駅伝を先導する白バイ隊員の写真が使われている）。

　この先導役に抜擢される隊員は、白バイの競技会で優秀な成績を収めたような腕利きばかり。実際、時速約20kmの低速で安定した姿勢を保って走行するのは高い運転技術が必要だ。しかも単に走るだけでなく、選手との距離を一定に保ちつつ、沿道の観客の状況などもチェックしながら先導する。主に選手との距離を測るのは車道側の白バイの役目、観客や周囲の状況に気を配るのは、歩道側の白バイの役目だという。そしてこの先導役の2台に選ばれることは、白バイ隊員から見ても栄誉なことなのだ。実際には先導役以外にも20台以上の白バイが参加し、走者ごとにつきそっている。その他にパトカーも10台以上が隊列に投入されている。

　1区と10区が走る東京都内を管轄するのは警視庁だが、多摩川を渡れば神奈川県警に変わる。当然ながら県境を越えると、伴走する白バイやパトカーも一斉にバトンタッチする。1区では多摩川にかかる六郷橋を越えて橋を下り終えたところに神奈川県警の白バイとパトカーが待機し、順次警視庁の車両と入れ替わっていく。逆に10区でも、六郷橋を越えた蒲田側で交代が行われる。また、神奈川県内に入っても、30km程度の距離を目途に何回か白バイやパトカーの交代が行われる。白バイやパトカーに乗った警察官たちもまた、次の担当へと引き継ぎながらゴールを目指すのだ。

先導する白バイの仕事

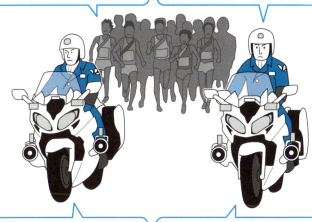

選手との距離を一定に保ちつつ、沿道の観客の状況などもチェックしながら先導。

走行は時速約20kmの低速。安定した走りをするには高い技術が必要。

選手との距離を測るのは車道側の白バイ。

観客や周囲の状況に気を配るのは、歩道側の白バイ。

多摩川にかかる六郷橋を越えたところで交代が行われる。

関連項目
- 交通規制と警備体制→No.078
- 現地観戦でコースに現れる隊列は？→No.097

No.080
箱根駅伝を支える新聞社

箱根駅伝の誕生から、新聞社が共催となって大会をバックアップしてきた。スタート／フィニッシュが新聞社前なのも当然の流れだ。

●報知新聞社から読売新聞社に引き継がれた大会の共催

　高校野球の甲子園大会のように、大規模なアマチュアのスポーツ大会には新聞社が共催や後援につくことが多い。主催者側からすれば、開催にかかる費用についての協力が得られるだけでなく、新聞を通して世間にアピールすることができる。一方で新聞社側もイメージアップにつながるだけでなく、読者獲得に向けての最高のPRになるということもあり、いわば相互に利益が生まれるWin-Winの関係にあるともいえる。

　箱根駅伝では、第1回目となる1920年の「四大校対抗駅伝競走」の時代から、新聞社が共催となって全面的にバックアップしてきた。生みの親である金栗四三は、開催準備に向けての最初のアクションとして付き合いのあった報知新聞社の企画課長・寺田瑛に話を持ち込み、協力を得ることから始めている。すでに日本初のオリンピアンとして名声を得ていた金栗は、様々な興行的な大会にも出場し、陸上競技を広めることにも尽力していた。彼は優れた選手であっただけでなくプロデューサーとしても鋭敏な感覚を持ち合わせ、マスコミと組むことのメリットを熟知していたのだ。第1回大会がスタート／フィニッシュを当時の報知新聞社前としたのも、ある意味で自然な流れだったといえる。

　その後1942年の新聞統制で報知新聞社が読売新聞社の配下に入ったのに伴い、1947年の第23回大会から箱根駅伝の共催も読売新聞社に変わった。読売新聞社もまた、日本初の駅伝大会を主催するなど、けして縁が浅くなかったことは幸運ともいえる巡り合わせだろう。以来、スタート／フィニッシュ地点は読売新聞社前が使われている。ちなみに、報知新聞社は読売新聞の系列になった後『スポーツ報知』を刊行し、現在も箱根駅伝の後援として名を連ねている。

新聞社と箱根駅伝の歴史

- **1919**: 金栗四三が、旧知の報知新聞社企画課長・寺田瑛を通して開催支援をとりつける。
- **1920**: 報知新聞社の共催で、第1回箱根駅伝が開催。スタート＆フィニッシュは有楽町の報知新聞社前。
- 第2〜3回のスタートは日比谷公園となるも第4回から報知新聞社前に戻る。
- **1942**: 戦中の新聞統合で報知新聞社は読売新聞社の傘下に入る。
- **1947**: 戦後の復活となった第23回大会からは読売新聞社の共催に。スタート＆フィニッシュも有楽町の読売新聞社前（旧報知新聞社）に。
- **1948**: 読売新聞社の移転に伴い、スタートフィニッシュが銀座に。
- **1972**: 読売新聞社の移転に伴い、スタート＆フィニッシュが現在の大手町に。

沿道の観客には共催の読売新聞社と後援の報知新聞社の小旗が配られる。

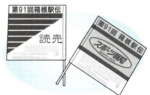

箱根駅伝と新聞社は
相互に利益が生まれるWin-Winの関係

関連項目
- 箱根駅伝の生みの親・金栗四三→No.019
- マラソン強化のために生まれた箱根駅伝→No.020
- 頻繁に変わったスタート／フィニッシュ地点→No.068

No.081
箱根駅伝を全国区にしたラジオ実況中継

学生の関東ローカルレースだった箱根駅伝が全国に知られ人気を博するようになったのは、ラジオによる実況中継の力が大きかった。

●沿道で応援するファンにお馴染みのラジオ実況

　ラジオによる箱根駅伝の実況中継が始まったのは、戦後の復興がまだ途上にあった1953年(第29回)から。伴走車に交じりラジオの実況中継車が選手を追って、正月を過ごす全国のお茶の間に、白熱したレースを届けるようになった。その人気を確立したのが、ラジオ実況2年目の1954年(第30回)。この年の復路は、早稲田大学と中央大学が抜きつ抜かれつを演じ、それを日本大学が猛追する激しいレース。9区でトップを奪った早稲田大学のアンカー昼田哲士が、10区の前半をハイペースで飛ばすが、後半にペースダウンで失神寸前。それを早稲田の中村清監督が並走し(当時は許されていた)「都の西北〜」の校歌を間近で歌い元気づけながら、なんとか逃げ切って倒れこむようにゴールラインを越えた。その一部始終をラジオ実況が伝えて大きな反響を生んだのだ。その後、ラジオ実況で箱根駅伝を知った若者たちが、関東の大学に憧れ箱根の舞台を目指す傾向が加速した。

　テレビ中継が定着した昨今でも、ラジオによる実況中継は根強い人気を誇っており、現在は3つの番組が製作されている。沿道で応援観戦する人々の中には、ラジオを聞きながら選手がやってくるのを待つのが、定番のスタイルだ。NHK第一放送の実況中継は、開始以来64年続いている。メインの実況はテレビ中継映像を見ながらのスタジオ収録になったが、自前の中継車を毎年出し、ラジオならではの実況も行っている。また、1994年(第70回)から始まった文化放送制作の『新春スポーツスペシャル箱根駅伝実況中継』があり、こちらは系列の民放17局で、日本各地で放送される。さらに日本テレビ系列で神奈川を中心に放送されているRFラジオ日本も、1995年(第71回)から独自に番組を製作して一部の地方局にも配信している。また、近年はインターネットを通じたネットラジオ配信も行われている。

ラジオ実況中継の歴史

人気を不動のものにした迫真の生実況

1953年　ラジオ放送開始

1954年　早稲田大学と中央大学のデッドヒートが大きな反響を呼ぶ。

箱根駅伝のラジオ実況が定着。
全国にファンが増える。

現在でも3社が実況中継番組を提供。
沿道観戦のお供としても定番に。

●NHK 第一放送
1953年から。日本全国をカバー。独自の中継車を出しており3位グループの周辺に配置されることが多い。

●文化放送
1994年から。東京では完全実況中継。

●RF ラジオ日本
1995年から。神奈川を中心に栃木放送・茨城放送、FM甲府やFMみしま・かんなみでも放送。

関連項目

●箱根駅伝の歴史③戦後復興期→No.032　　●不可能を克服したテレビ実況中継→No.082

No.082
不可能を克服したテレビ実況中継

1979年に初めて東京12チャンネルで箱根駅伝の番組が作られた。
1987年からは日本テレビが不可能を克服し、実況中継を行っている。

●天下の険が障害となった箱根駅伝の生中継

　テレビによる箱根駅伝の中継番組が初めて製作されたのは、1979年のこと。関東ローカルネットのテレビ局であった東京12チャンネル（現・テレビ東京）の製作によるもので、9区までのダイジェストと10区フィニッシュの生中継を1月3日に放映する番組。1986年までの8年間放映された。マラソンの実況中継は、1964年の東京オリンピックでNHKが世界に先駆け実現していたが、箱根駅伝にはマラソンにはない困難な壁があり、完全中継は不可能だといわれていたのだ。それは天下の険とも称される険しい箱根路そのものだ。中継画像を送るには、直進性の高い電波が使われ、それを高所に設けた電波中継所やヘリコプターで受け取り、キー局へと転送して放映している。しかし山が険しく曲がりくねった箱根路では、中継電波が遮られる可能性が高く、天候や気流も不安定でヘリコプターが使えないリスクもあったのだ。

　そういった困難に挑んだのが、共催の読売新聞の系列局であり、スポーツ中継に力を入れていた日本テレビだ。1987年（第63回）に、不可能といわれた箱根駅伝の実況中継を実現させた。問題の箱根路は、電波を中継するヘリコプター2機以外に谷を挟んだ山の上に臨時の中継所を設けるなどの工夫を重ね、なんとか克服。もちろん箱根路以外にも2日間の長丁場で距離も長大な実況中継では様々な問題を乗り越えねばならず、その苦労は並大抵のものではなかったという。アナウンサー17名を含む700名にも及ぶスタッフと、移動中継車3台、固定中継車13台、テレビカメラ61台を投入し、番組を成功に導いた。しかしこのときの番組は中断を入れた4部構成で、往路の3区～4区、復路の7区～9区は生中継されていない。全コース完全生中継が実現したのは、2年後の1989年（第65回）になってからだ。

テレビ中継が乗り越えた困難

◎新たに生まれる潮流

問題1　長距離移動するので、移動中継車が必須。しかも2日間213.9kmの移動距離。

移動中継車3台を投入し、地上中継所と併用。人員も系列局から応援を得て700名体制で対応。

問題2　箱根路のような曲がりくねった山道では、安定してマイクロ波を飛ばすことも受け取ることも困難。

見晴らしのいい山頂や高所に臨時電波中継所を設置。中継車の天井にある送信アンテナを、担当者が手動で中継所の方向に向け続けた。

問題3　箱根だけで300名ものスタッフの宿泊所や拠点がなかなか見つからない。

箱根小涌園が会議室や宴会場を提供。当時は300名のスタッフが雑魚寝で臨時宿泊所に。

関連項目
●箱根駅伝の歴史⑤テレビ中継期→No.034　　●箱根駅伝の人気を決定づけたテレビ中継→No.083

No.083
箱根駅伝の人気を決定づけたテレビ中継

日本のお正月の伝統行事ともいえる人気を誇る箱根駅伝だが、その人気を全国区に押し上げたのは、30年続くテレビ実況中継の影響だ。

●30年続く高視聴率を稼ぎだすお化け番組

　1987年に始まった日本テレビの箱根駅伝実況中継番組は、『新春スポーツスペシャル箱根駅伝』の名前で現在も続いている。2016年(第92回)でついに30年の歴史を積み上げてきた。当初から20%近い視聴率を取る人気番組であったが、90年代以降も人気は上昇し続け、2003年の復路ではついに関東で31.5％を記録するお化け番組となった。直近の2016年でも、往路28%、復路27.8％と、その人気は衰えることはない。日本テレビのネットワークで全国放映されるようになった効果はすさまじく、大学の関東ローカルレースでありながら、箱根駅伝の知名度や人気は抜きんでいる。参加する関東の大学も全国へのPRとなるため力を入れ、予選会への参加校もうなぎ登りに増えた。その結果、1999年(第75回)からは、予選会に参加するにも標準記録が設定され制限されるようになったほどだ。しかも予選会そのものも注目度が高まり、人気を集めて番組化された。2013年10月の第90回大会予選会からは、予選会も実況中継されるようになった。

　また、この30年で中継技術も大きく進化した。当初はアナログ放送だったが、現在はデジタル放送となり、フルハイビジョンで放映されている。現在の中継体制は、移動中継車が2台に移動中継バイクが4台、ヘリコプターが3機、中継カメラは80台以上が投入され、スタッフの総勢は1000名を超えるという。2016年は実際に登場したアナウンサーは15名に上る。これらのスタッフは日本テレビだけではとても足りず、系列局からも応援の形で参加しているのは、初回以来の伝統だ。事実、この箱根駅伝で培われた中継技術や経験は、彼らテレビマンにとっても掛け替えのないものだという。また箱根路の途中で必ず入る小涌園前からの中継も、初回に宿泊場所提供などの協力を得たことから始まった。これもすでに名物となっている。

テレビ中継の歴史

1979年 東京12チャンネルのフィニッシュ中継番組スタート。

↓

1987年　日本テレビの実況中継が始まる。

↓

1989年　全コース完全生中継が実現。

↓

現在も高視聴率を誇る人気コンテンツ！

- 2013年からは予選会も実況中継。
- 2016年の視聴率は往路28％、復路27.8％。

●日本テレビの中継1号車

後部に実況席があり、アナウンサーと解説者がナマで見ながら実況する。

後部に2台のカメラが設置されている。

実況用の3輪のトライク。後部にカメラマンが乗る。小回りが効くので、レース展開に合わせて動き回る。

関連項目

- ●予選会とはどんな大会？→No.029
- ●人気上昇とともに増加した参加チーム→No.036
- ●不可能を克服したテレビ実況中継→No.082

No.084
箱根を目指す選手の生活とトレーニング

箱根駅伝に出場する選手たちは、学生生活を送りながらも寮に住み込んで、アスリートとしてのトレーニング三昧の生活を行っている。

●箱根を目指す選手は、寮生活が基本

　箱根駅伝の常連校ともなると、その多くが選手寮を備え箱根駅伝を目指す選手の多くは寮生活を送りながらトレーニング三昧の日々を過ごす。たとえ自宅が近くにある選手でも、基本的には寮生活だ。その理由としては、食事をはじめとする日常生活の管理にある。長距離走を走る選手には、日々の食生活をきちんと送ることが不可欠。当然ながら寮では喫煙は厳禁だし、未成年でなくても飲酒が制限されることも多い。また朝練習が欠かせないので、目覚めて速やかにトレーニングに移れる環境は必須だ。さらに駅伝は陸上競技の中でも数少ない団体競技であるため、集団生活を送ることでチームワークを作り上げることも、寮生活ならではの効能だ。大学によっては、寮に監督やコーチが住み込み、日常的に生活管理を行う他、食事をはじめとする選手の生活を面倒見る寮母さんが置かれることが多い。監督の奥さんが寮母を務めることも、けして珍しくはない。

●トレーニングはメニューに従った様々な走り込み中心

　選手たちは陸上部である以前に大学生であるため、通常は朝練習と大学の授業が終わってからの午後〜夕方に練習が行われる。基本は走り込みだが、闇雲に距離を走ればいいわけではなく、例えば朝練習ではややユックリなペースで12km走。午後練習では20kmオーバーの長距離を走ったり、逆に1000mをハイペースで走りジョグで呼吸を整えまた1000mを繰り返すインターバルトレーニング、ハイペースでの10000m走や16000m（10マイル）走などのメニューを、日替わりでこなす。そしてタップリ時間が取れる夏合宿では、涼しい高地で徹底的に走り込み、スタミナやスピードを身につける。その他、最近は体幹トレーニングなど身体造りも行われている。

選手の一日

常連校の選手は寮生活が基本！

日常生活の管理
- 規則正しい生活。
- カロリーや栄養バランスが計算された食事。
- 喫煙禁止。飲酒も日常は禁止が多い。

環境の整備
- トレーニング時間と勉強時間の確保。
- チームワークの育成。

◎1日のトレーニングの例

朝練習
- **10km走**
  （1km4分前後のゆっくりペース）

授業

夕方の練習
- **20km走**
  （1km3分20〜30秒の早めのペース・時には30kmなどのより長距離も走る）
- **10マイル（16000m）走**
  （1km3分15秒のハイペース）
- **1000m走×10本のインターバル走**
  （間はジョグで流す）

No.085
駅伝選手の1年間のスケジュール

関東の大学に所属する長距離走の選手にとって、春はトラック、秋〜冬は駅伝シーズン。その1年間のスケジュールを追ってみよう。

●箱根駅伝出場を目指す戦いは、大会が終わってすぐに始まる

　学年が始まる4〜6月は、トラックを使った陸上競技会が頻繁に行われるシーズンだ。5000mや10000mなどのトラック競技に出場して、自分の現状を把握する。また、この時期には5月後半に開催される関東学生陸上競技対校選手権(関東インカレ)や、6月の日本学生陸上個人選手権大会(インカレ)があり、春の大きな目標となる。11月の全日本大学駅伝の関東推薦校選考会も、6月前後に行われる。

　夏になると、各校の陸上部では夏合宿が花盛り。多くの学校が涼しい高地で合宿を張り、走り込み中心のトレーニングに専念する。秋の駅伝シーズンを前に、しっかりと地力を養いロードレース向きのスタミナとスピードを身につけるだけでなく、チームワークを養う絶好の機会となる。

　9月初旬の天皇杯日本学生陸上競技対抗選手権大会が終わると、いよいよ駅伝シーズンに突入する。まず、10月の体育の日に開催されるのが、出雲全日本大学駅伝競走だ。ただし、箱根駅伝のシード権を持っていない大学にとっては、10月中旬に行われる東京箱根往復大学駅伝競走予選会に出るために、出雲駅伝への参加が難しくなることもある。また、秩父宮賜杯全日本大学駅伝対校選手権大会は、11月初旬の開催。前年シード校と6月の予選会で出場権を得た大学は、全日本駅伝に出場する。

　そしていよいよ年明けの箱根駅伝に向けての準備に取り掛かる。出場権を得たチームにとっては、11〜12月はもう箱根一色だ。特に年末はその調整に明け暮れる。選手たちにとっての正月は、箱根駅伝が終わってからだ。

　箱根駅伝終了後は、多くの選手たちには冬の走り込みを行うシーズン。この時期のトレーニングが、翌年のさらなる飛躍を生むのだ。また一部の選手は3月の日本学生ハーフマラソン選手権大会に出て年度を締めくくる。

選手の一年

◎関東の大学陸上部・長距離選手の主な参加大会

4月	各大学の記録会など、トラック中心の競技会
5月	
6月	10〜12日／日本学生陸上個人選手権大会（インカレ） 18日／全日本大学駅伝対校選手権大会予選会
7月	夏合宿
8月	
9月	2〜4日／天皇杯日本学生陸上競技対抗選手権大会
10月	10日／出雲全日本大学駅伝競走 15日／東京箱根往復大学駅伝競走予選会
11月	6日／秩父宮賜杯全日本大学駅伝対校選手権大会
12月	
1月	2〜3日／東京箱根往復大学駅伝競走
2月	
3月	5日／日本学生ハーフマラソン選手権大会

※2016年度の場合。

この他にも、有力選手は全日本クラスの競技会や冬〜春のフルマラソンに出場する。

関連項目
- 箱根駅伝とはどんなレース？→No.021
- 予選会とはどんな大会？→No.029
- シード校制度でレースの面白さが倍増→No.028

No.086
チーム戦略と選手のオーダー

箱根駅伝の本戦の戦いは、予選会が終わったときから始まっている。
優勝を目指すための選手のオーダーは当日朝になるまで決まらない。

●監督が頭を悩ますチーム戦略とオーダー決定

　陸上競技の大半は個人競技だが、駅伝はその中でも異彩を放つ団体競技だ。中でも箱根駅伝は、参加選手は1チーム最低10人。2日間にわたり217.1kmもの長距離を結ぶという意味で、異色の陸上競技といえる。どんなに飛び抜けたエースランナーがいても、1人だけではけして勝つことはできない。それどころか予選会からの出場ともなれば、本戦に進むことすら不可能。最低10人の力のあるランナーを揃えなければならないのだ。

　前年のシード校と予選会で本戦出場権を勝ち取ったチームは、12月初旬までにチーム陣容を固めることになる。毎年12月初旬（2016年大会は12月10日）に、チームエントリーが行われ、補欠を含む16選手が登録されるからだ。最終的にどのようなオーダーを組むかは区間エントリーが行われる12月29日までチーム内で調整が行われる。通常は、エースランナーは2区や山登りの5区、そして復路なら距離の長い9区に配置するのがセオリーだ。一方、経験の少ない選手は比較的プレッシャーのない3区や8区で起用することが多いが、この区間にあえてエースを配置し逆転を狙うこともある。

　チームが目指すのは総合優勝だが、チーム事情によっては往路か復路のいずれかに狙いを絞り、強い選手をどちらかに偏らせる戦略をとることも考えられる。例えば5区の山登りに強いエースがいれば、往路の他の区間にも力のある選手を集め、まずは往路優勝を狙う。逆に5区に有力な選手がいない場合、復路に実力者を並べて復路優勝を狙う戦略もありえる。

　しかし最終的な出場選手が決まるのは、レース当日の朝ギリギリ。選手の体調をみての入れ替えや、あえて準エースクラスを補欠登録にしてライバルの動向を見定めてから、オーダー入れ替えを行うこともあるからだ。箱根駅伝の戦いはスタートの号砲が鳴る前から、始まっているのだ。

オーダーの組み方

10月中旬（2016年は10月15日）

本戦出場校決定
シード校と予選会を勝ち抜いたチームが本戦に出場。

12月初旬（2016年は12月10日）

チームエントリー
補欠を含む16名の選手を登録。留学生は2名まで。

山登りは誰に…
あいつの調整が
間に合えば…

12月29日

区間エントリー登録
各区間の正選手10名を登録。うち留学生は1名のみ。

風邪をひいている
やつは？
あそこのエースは
何区にくる？

1月2日

正選手と補欠選手の入れ替え
スタートの1時間10分前までに、4名まで補欠選手と入れ替え可能。
一度区間登録された正選手は、他区間に移ることはできない。

関連項目
- 3つの勝利がある箱根駅伝→No.024
- 予選会とはどんな大会？→No.029
- シード校制度でレースの面白さが倍増→No.028

No.087
箱根駅伝選手の出身高校は?

箱根駅伝に出場する選手の大半は、高校時代から陸上競技で活躍していた。その出身高校を見ると名だたる強豪校の名前が並んでいる。

●日本全国の高校から集まった箱根駅伝の選手たち

　関東の大学により争われる箱根駅伝だが、そこに出場する選手たちは日本全国から集まってくる。例えば2016年(第92回)大会に出場した21チーム(関東学生連合含む)の補欠も含む全エントリー選手334名のうち、関東の高校出身の選手は89名と地域別で見れば一番多い。が、それでも全体の約1/4に過ぎない。次いで多いのが中部甲信越の75名だ。

　また都道府県別で見ると、兵庫県の高校出身者が25名で一番多く、次いで千葉県の23名、愛知県の22名と続く。それに対し箱根駅伝のコースとなる東京都は12名、神奈川県は10名にとどまっている。92回大会では、唯一出場がなかった奈良県を除き46都道府県の高校からエントリー選手が生まれ、まさに全国から選手たちが集まってきたのがわかる。ただし、その多くは陸上競技の強豪高校出身のため、必ずしも出身高校がそのまま出身地とは限らない。すでに高校の段階で、遠距離から入学するケースが珍しくない。

　高校別で見ると、兵庫県の屈指の強豪、西脇工業が11名と圧倒的に多い。兵庫県には6名出場の須磨学園もあり、高校の陸上競技が盛んな伝統は今も引き継がれている。もっともかつては西脇工業と覇権を競った報徳学園が知られていたが、92回大会ではわずか1名の出場にとどまったのは少し寂しいところだ。この他、9人出場の豊川工業(愛知県)や伊賀白鳳(三重県)、8名出場の西京(山口県)、7名出場の浜松日体(静岡県)、6名出場の佐久長聖(長野県)、大牟田(福岡県)など、いずれも昔から陸上競技の強豪校として知られている高校出身者が多く活躍している。一方出身県別で2位の千葉県は、市立船橋(5名出場)、八千代松陰(4名出場)、柏日体(3名出場)など、強豪校が林立している。このデータを見る限りでは、現在の高校陸上界が、西高東低の傾向にあることがうかがえる。

選手の出身高校

◎エリア別・箱根駅伝エントリー選手
（92回大会の全エントリー選手対象）

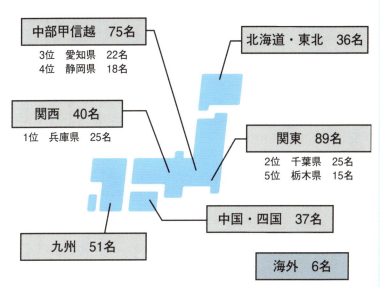

- 中部甲信越　75名
  - 3位　愛知県　22名
  - 4位　静岡県　18名
- 北海道・東北　36名
- 関西　40名
  - 1位　兵庫県　25名
- 関東　89名
  - 2位　千葉県　25名
  - 5位　栃木県　15名
- 中国・四国　37名
- 九州　51名
- 海外　6名

◎出身高校別・箱根駅伝エントリー者数トップ20
（92回大会の全エントリー選手対象）

高校	県	数	高校	県	数
西脇工業	兵庫	11	佐野日大	栃木	5
豊川工業	愛知	9	水城	茨城	5
伊賀白鷗	三重	9	豊川	愛知	5
西京	山口	8	鳥栖工業	佐賀	5
浜松日体	静岡	7	九州学院	熊本	5
佐久長聖	長野	6	学法石川	福島	4
須磨学院	兵庫	6	八千代松陰	千葉	4
大牟田	福岡	6	世羅	広島	4
市立船橋	千葉	5	鹿児島実業	鹿児島	4
那須拓陽	栃木	5			

No.088
箱根出場の選手の未来は？

箱箱根駅伝で活躍した選手たちは、卒業してそれで終わるわけではない。彼らはその後に、どのような人生を歩むのだろうか？

●卒業後に実業団チームに進むのがすべてではない

　箱根駅伝に出場することは、若いランナーたちにとって大きな目標となるが、それで彼らの人生が終わるわけではない。選手は卒業を迎えて次の人生を歩みださなければならないのだ。その進路は大きく2つに分かれる。

　まずは実業団チームに入って、そのままアスリート生活を継続するケースだ。現在、日本には140余りの陸上競技の実業団チームがある。箱根駅伝の前日、1月1日に開催されるニューイヤー駅伝（全日本実業団対抗駅伝競走大会）に出るような実業団チームを持つ会社に入る道がある。その後、実業団チームでも実績を残して、引退後は指導者の道に進むというのがゴールデンコースだろう。実際、大学陸上部の監督やコーチには、母校の出身者で箱根駅伝出走経験のある人が少なくない。ただし、すべての箱根出場者が、実業団チームに入れるわけではない。優勝を争うようなトップチームの選手でも、実業団に進めるのは半数程度。多くのチームではエースクラスの1～2名しかかなわないのが現状だ。

　大学卒業と同時にアスリート生活に別れを告げて、就職する選手も少なくないが、それでスッパリと陸上競技と縁が切れるとは限らない。例えば、スポーツ器具やウエアのメーカーなど、アスリート経験を生かした業種に就職する道もある。また、多くの大学の体育会では、OBとのつながりが強く、OBの伝手で就職する学生も多い。さらに日本体育大学や順天堂大学のように、体育教職課程を持つ大学では、卒業後は先生となり子供たちを陸上選手に育てる道を歩む人もいる。一方で職業は別に持っても、クラブチームに加入したり個人の市民ランナーとして、陸上競技を続ける人もいる。最強の市民ランナーとして知られる川内優輝も、箱根駅伝の経験者で、公務員を務めながら競技生活を続けている。

卒業後の進路

```
卒業
 ├─ 実業団に入り、アスリート生活
 │   ├─ 指導者の道へ
 │   ├─ 実業団関連会社に残る
 │   └─ 退社し、別の人生へ
 │
 ├─ 一般企業に就職
 │   ├─ アスリートは引退
 │   ├─ クラブチームに所属し、2足の草鞋でアスリート継続
 │   └─ 市民ランナーとして頑張る
 │
 └─ 体育教師など教職につく
     └─ 後進の育成指導に当たる
```

第4章 ● 大会を支える人々と環境

関連項目

● 箱根から世界に羽ばたいたランナーたち→No.015　● 箱根駅伝の歴史に輝く名将の系譜→No.071

1回だけ出場を果たした大学

2016年まで92回の歴史を積み上げてきた箱根駅伝だが、これまで本戦に出場を果たしたのは、わずかに42校。その中には1回だけ出場を果たし、箱根駅伝の歴史に爪痕を残した大学が8校ある。

1回のみの出場記録でもっとも古いものは、戦後間もない1952年（第28回）に出場した成蹊大学だ。伝えられる話では、このときの成蹊大学陸上部には6名の選手しかいなかったという。しかし大学での競技生活の証として箱根出場を狙った彼らに、元部員や他競技の選手が協力し、10人ギリギリの体制で出場を試みた。すでに予選会制度はあったが、当時はまだ規定の15校に届かずこの年も本戦出場は14校の時代。本戦では優勝した早稲田大学に5時間遅れの最下位に沈んだが、確かに彼らは箱根の歴史に名を刻んだのだ。

その後、1959年（第35回）には、埼玉大学が出場した。実は予選会では6番目の記録だったのだが、好タイムを記録したため特例で出場。本戦では16チーム中14位でフィニッシュしている。また本戦出場枠が20校に広げられた1984年（第60回）の記念大会には、東京大学が初出場を果たし、20チーム中17位の記録を残している。

このころから箱根駅伝の人気は急上昇し、予選会参加校の数も飛躍的に増えた。そのため、第75回大会の予選会からは、出場選手に標準記録が設定されるようになった。そんな中で2001年（第77回）に本戦出場を果たしたのが平成国際大学だ。2人のケニア人留学生を擁し、2区のジョン・カーニーが区間賞、4区のフランシス・ムヒアが区間2位と快走。往路5位の検討を見せる。しかし復路で崩れ総合15チーム中13位に終わり、シード権獲得には届かなかった。そして本戦出場枠が20校に広がった2015年（第91回）、創価大学が予選会10位で念願の本戦出場を果たした。残念ながら本戦でも最下位に終わったが、箱根駅伝本戦に出場した41校目となった。さらに2016年（第92回）には、予選会を9位で勝ち抜いた東京国際大学が箱根駅伝出場42校目となり、本戦も20チーム中17位と健闘した。

またこれらの関東の大学とは別に、1964年（第40回）の記念大会には、関西の立命館大学と九州の福岡大学が招待出場している。オープン参加のためチーム記録は参考扱いだが、タイムで見ると立命館大学は11位相当、福岡大学は13位相当でフィニッシュした。しかも立命館大学で2区を走った重松森雄はなんと区間新記録を叩きだし、その個人記録は正式なものとして残されている。ちなみに関東以外の大学としては、関西大学が1928年（第9回）、1931年（第12回）、1932年（第13回）の3度、特別出場している。

そして2017年は、2016年10月の予選会を3位で勝ち抜いた創価大学が2回目の出場を果たすことになる。無事本戦出場がなれば、1回だけの出場校は7校に減ることになる。

第5章
箱根駅伝観戦ガイド

No.089
現地応援派? それとも炬燵派?

今や、お正月恒例行事として定着した感のある箱根駅伝。毎年沿道から声をかけるファンから、お茶の間で中継を楽しむ人まで様々だ。

●沿道観戦者もスタイルは様々

　箱根駅伝ほど、様々な方法やスタイルで幅広く観られているスポーツイベントは少ないだろう。直接観戦する人も多ければ、お茶の間でテレビ観戦を楽しむ人、そして他所への旅先でも気にかける人まで含めると、膨大な数の人々が正月の行事としてライフスタイルに取り入れているからだ。

　まず往復217.1kmに及ぶ、日本でも最長のロードレースであること。沿道で観戦が可能な場所には、途切れることなく直接選手たちが走る姿に声援を送る人々が詰めかけている。この沿道観戦者も様々で、元々コースの沿道近くに居住しているジモティの人々もいれば、わざわざ交通機関を使ってやってくる熱心な駅伝ファンも少なくない。特に沿道近くにある鉄道駅の近くは、遠方から応援に駆けつけた人々でごった返す場所もある。主だった場所の通過予測時刻がプログラムやWebサイトに載っており、それに合わせて人々の姿は増えていく。中にはだいぶ前から観戦ポイントを確保し、ラジオやスマホのテレビ映像でレース展開を確かめながら、寒空の下で選手がくるのを待っている人も。この待ち時間もまた箱根駅伝の醍醐味だという。さらに熱心な人は早い区間で一度観戦し、電車で先回りして2度3度と応援のハシゴをする人さえいる。また、観光地である箱根近辺をはじめ沿道の宿に宿泊して観戦を楽しむ人も多い。事実、箱根の宿の多くは、レース終了後すぐに翌年の予約が埋まってしまうともいう。

　一方、テレビでの完全中継が定着し、沿道には行けなくとも正月2日3日の午前中はおせち料理や炬燵ミカンを楽しみながら、箱根駅伝を見るのが恒例という人も大勢いる。全国放映され視聴率も30%近くで、視聴者の数は膨大だ。さらに帰省中や行楽地への移動中でも、カーラジオなどで箱根はチェックするという人も多い。まさに国民的な行事なのだ。

楽しみ方は人それぞれ

観戦組
わざわざ交通機関を使ってやってくる熱心な駅伝ファン。スマホなどで情報はばっちり。ポイントをはしごする人も。

ジモティー組
沿道や近くに住む人々。毎年同じ場所で観戦する。防寒対策はばっちり。マナーもわかっている。

関連項目

●ジモティファンの現地観戦スタイル→No.096

No.090
ディープに観戦するための情報収集

出場するチームと選手の情報は、事前にチェックしておくと観戦にも深みが出る。ディープなファンはエントリーの予測をして楽しむのだ。

●公式プログラムや公式Webサイトをチェックし、予想しながら楽しむ

　箱根駅伝をよりディープに楽しむには、出場するチームや選手たちのデータを事前にチェックしておきたい。10月中旬に開かれる予選会が終われば出場校が出揃うことになる。箱根駅伝公式Webサイトには、いち早くその情報が掲載される。またチームエントリーが行われて補欠を含めた各校16選手が決まるのは12月中旬となり、出場選手のリストも発表される。

　箱根駅伝ファンにとって必携なのが、チームや出場選手のデータが載っている公式プログラムだ。ここには、チームエントリーされた全選手のリストとそれぞれの10000mやハーフマラソンの記録などが記されている。この公式プログラムは通販の申し込みによって12月末までに入手が可能だ（公式Webサイトに購入方法が掲載されるので、そちらを参照）。また、レース当日にスタート／フィニッシュ地点や各中継所でも購入することができる。

　ただし、この段階ではどの選手がどの区間を走るのかは、まだ明らかになっていない。その大筋が見えるのは区間エントリーされる12月29日だが、熱心なファンはチームエントリーのリストを見て、出雲駅伝や全日本駅伝のリザルト、前年度の実績などから、出場選手の区間エントリーを予想して楽しむという。また、区間エントリーが発表された後も、当日朝に変更になることが多々あるので、ディープなファンの一喜一憂が続く。

　レース当日の最終エントリーは、公式Webサイトで速報され、テレビやラジオの中継でも伝えられる。公式プログラムには、区間ごとの白紙のエントリー／成績表のページがあり、そこに最新情報を書き込みつつ楽しむ。もちろん必ずしもデータ通りにはいかないのがスポーツの面白いところ。予想と現実をすり合わせながら観戦するのも一興なのだ。

レース前から楽しめる

 公式Webサイトをチェック！

10月中旬 ➡ 出場校決定。
12月中旬 ➡ 各校のエントリー選手が決定。

 公式プログラムをチェック！

・エントリーされた全選手のリストと10000mやハーフマラソンの記録が掲載。
・通販の申し込みによって12月末までに入手が可能。
・レース当日に購入することもできる。

自分なりのオーダーを予想して楽しむ。

レース当日の最終エントリーは、公式Webサイトでチェック。

公式プログラムの白紙のエントリー／成績表のページに最新情報を書き込みつつレースを楽しむ。

関連項目

●予選会とはどんな大会？→No.029
●ドラマが生まれる中継所→No.069
●チーム戦略と選手のオーダー→No.086

No.091
コース周辺ガイド① 1区＆10区

大手町のスタート／フィニッシュ～鶴見中継所までの区間は、電車の便が良くコース至近に数多くの駅がある。寺社仏閣も付近に多い。

●アクセス／1区前半は都営地下鉄とJR、後半は京急が便利

　往路1区と復路10区のこの区間は、都心から川崎と続く都市部だけあって、交通の便も良く観戦に赴くにも便利なエリアだ。スタート／フィニッシュの大手町付近は地下鉄の路線が複数乗り入れている他、JRの東京駅中央口からも500m程の距離。さすがにスタート／フィニッシュ付近は人気が高いため、かなり前から観戦場所を確保しないと難しい。コースは三田（田町）までは都営三田線に沿っており、JR田町駅やJR品川駅もコース沿い。品川から鶴見中継所まではコースの国道15号線に京浜急行が沿って通っている。京急川崎駅のみはコースから500mほど離れるが、その他の駅ならどこで降りても200m程度でコース沿いに出ることができる。駅の至近はそれなりに混雑が予想されるが、少し歩けば大丈夫だ。

●箱根駅伝観戦ついでに初詣

　この区間には、初詣でにぎわう有名寺社が多くある。箱根駅伝の観戦をしてから初詣に向かうファンも多い。その代表格が徳川家の菩提寺としても知られる増上寺だ。コース沿いにそびえる大きな三門は国指定文化財でもあり、中継でもお馴染み。その他、赤穂浪士で知られる泉岳寺もコースから200mしか離れていない。初詣といえば川崎大師も有名だが、こちらはコース沿いから1.5kmほど離れている。京急大師線を使ってもいいが、ゆっくり歩いても30分程度でつくことができる。

　またコース沿いには東京タワーやしながわ水族館など、人気のスポットも多い。いずれも例年1月2～3日は営業しているが、往路1区の通過時間は朝が早く、観戦直後はまだ営業時間前（東京タワーは9時、品川水族館は10時開館）。時間調整が必要なので注意しよう。

コース周辺ガイド① 1区&10区

アクセスがいいだけに混雑する
エリア。良いポイントは時間前
から確保！

スタート／フィニッシュ (大手町・読売新聞社)

・アクセスは便利だが、人気が高いため、かなり前から観戦場所を確保しないと難しい。

| 通過予想時間 | 1区 ／ 2日 8：00 | 10区 ／ 3日 13：26 |

JR田町駅前／JR品川駅前

・駅前がコース沿い。駅の至近はそれなりに混雑が予想されるが、少し歩けば大丈夫。通過予想時間は田町駅前のもの。

| 通過予想時間 | 1区 ／ 2日 8：15 | 10区 ／ 3日 13：07 |

大森海岸駅

・品川〜鶴見間は京浜急行線の駅が近い。川崎駅のみはコースから離れている。

| 通過予想時間 | 1区 ／ 2日 8：36 | 10区 ／ 3日 12：46 |

鶴見中継所

・京急本線鶴見市場駅前。箱根駅伝の銅像が立っている。

| 通過予想時間 | 1区 ／ 2日 9：04 | 10区 ／ 3日 12：17 |

関連項目

- フラット中心のスピードコース・1区→No.048
- 1区のレース戦略と記録の変遷→No.049
- 総合優勝の歓喜にわく大手町・10区→No.066
- 10区のレース戦略と記録の変遷→No.067

No.092
コース周辺ガイド② 2区&9区

鶴見中継所～戸塚中継所までの区間は、2区と9区で同じコースを逆に走る。横浜駅付近はアクセスも良く、人気の観戦ポイントだ。

●アクセス／2区前半は京急とJRが便利だが、後半は駅からやや歩く

　鶴見中継所は、京急・鶴見市場駅からすぐのところにあり、そこから横浜駅までの国道15号線区間は、京急とJRがコース沿いに通っているので、アクセスはたやすい。しかしJR保土ヶ谷駅から先の国道1号線沿いは、鉄道路線から離れたコースになる。2区最大の上りとなる権田坂も、登り口まではJR保土ヶ谷駅から約2km、坂の頂上までは3.5kmほどある。その後の戸塚中継所までのコースも、最寄り駅のJR東戸塚駅やJR戸塚駅から、けして近くはない。また戸塚跨線橋や国道1号線バイパス部の一部は、歩道がなく迂回が必要な部分もあるので注意。戸塚中継所はJR戸塚駅から約2.3km。最寄りの大阪台バス停からなら、徒歩5分程度だ。

●横浜駅周辺は人気の観戦ポイント

　この区間でもっとも人気の観戦ポイントは、国道15号線が国道1号線と合流するJR横浜駅周辺だ。アクセスが抜群に良いだけでなく、テレビ中継で固定カメラが据えられるため認知度も高い。観戦後に横浜方面で遊ぼうという人々も多く、レース通過直後はみなとみらいや中華街方面に向かうみなとみらい線の駅が一時的に混雑する。一方、鉄道ファンにはお馴染みの無人駅、JR鶴見線・国道駅は、まさに箱根駅伝のコース上にある昭和の匂いが残るディープスポット。駅伝観戦も兼ねて、普段はなかなか行かない名物駅を訪れる人も少なくない。ただし、9時～16時ごろまでは停車する本数が1時間に上下各2～3本と首都圏とは思えないほど少ない。

　2区の山場として有名な権田坂は駅から離れているが、熱心なファンは足を運ぶ。2区後半(9区前半)は、最寄り駅から比較的離れており観光スポットも少ないため、沿道には周辺在住のローカルファンが多いエリアだ。

コース周辺ガイド②　2区&9区

アクセスがいいのは鶴見中継所
～保土ヶ谷の2区前半。
後半はローカルファンが多い。

鶴見中継所

| 通過予想時間 | 1区 / 2日 9:04 | 9区 / 3日 12:17 |

JR鶴見線・国道駅
・国道15号線に面した国道駅入口。日中は1時間に上下各2～3本しか停車しない無人駅で、鉄道ファンには有名。

| 通過予想時間 | 2区 / 2日 9:10 | 9区 / 3日 12:11 |

JR横浜駅前
・アクセスは抜群。テレビ中継でも固定カメラが据えられる。
・中華街など観戦後の観光にも便利。

| 通過予想時間 | 2区 / 2日 9:29 | 9区 / 3日 11:58 |

権太坂
・アクセスは悪いが、約1.5km続く上り坂は、この区間の見どころの一つ。坂の上部には給水ポイントも設けられている。

| 通過予想時間 | 2区 / 2日 9:49 | 9区 / 3日 11:38 |

戸塚中継所

| 通過予想時間 | 2区 / 2日 10:13 | 9区 / 3日 11:08 |

関連項目
●3度の上り坂が選手を苦しめる、花の2区→No.050
●2区のレース戦略と記録の変遷→No.051
●逆転劇も多い復路のエース区間・9区→No.064
●9区のレース戦略と記録の変遷失→No.065

第5章●箱根駅伝観戦ガイド

No.093
コース周辺ガイド③ 3区&8区

戸塚中継所から平塚中継所までの21.4kmの区間。特に3区後半の国道134号線沿いは、海岸に沿ったフラットな一本道が10km近く続く。

●アクセス／コースの至近に駅は少ない

　この区間はJR東海道線が通っているものの、駅からのアクセスはさほど良くない。戸塚中継所から6km地点の藤沢橋付近なら、JR藤沢駅から700mちょっとなので徒歩でも行けるが、それ以外のコースの大半は、日頃はJR駅からバス路線でカバーされる離れたエリア。もしバスを使うなら交通規制の影響が出ることを考慮し早めに行きたい。拠点となる駅は、JR戸塚駅、JR藤沢駅、JR辻堂駅、JR茅ヶ崎駅、JR平塚駅。平塚中継所は、実はJR平塚駅よりもJR大磯駅からの方が最寄りになり、距離は約1.4kmで徒歩約30分でつく。またコース後半の海岸線は、通常なら車で訪れる人が多いエリアだが、コース近くで駐車できる場所は限られる。箱根駅伝当日は駐車場の確保が難しいこともあり、車での観戦はお勧めできない。

●3区後半の海岸通りで、正月の海辺を一緒に味わう

　この区間でもっとも人気の観戦ポイントは、復路8区での遊行寺の坂の上りだろう。JR藤沢駅からも徒歩で行ける藤沢橋交差点から、さらに200mで遊行寺。けして広くない沿道の歩道は早くから人で埋まってしまう。観戦ついでに地名の由来となった遊行寺にお参りするのがお約束。また藤沢駅は江ノ電の始発駅で、観戦後に江ノ島や鎌倉方面に足を延ばす人も多い。

　3区後半の国道134号線は、海岸に沿って伸びる道。防砂林があるため、コースから海が見える場所は限られるが、海岸まではわずかな距離しかない。防砂林の海側には国道に沿ったサイクリングロードが江ノ島横の片瀬海岸から相模川河口近くまで続いており、ちょっと寒い季節だがサイクリングがてら正月の海辺と駅伝観戦を楽しむ人もいる。また平塚中継所のある花水川河口付近は、サーフィンのポイントとしても人気の海岸だ。

コース周辺ガイド③　3区&8区

駅から行くなら藤沢橋。後半は
アクセスは悪いが海岸散策も
楽しめる。

戸塚中継所

| 通過予想時間 | 2区 ／ 2日 10：13 | 8区 ／ 3日 11：08 |

遊行寺の坂

・藤沢橋交差点から200m戸塚寄りが坂下。往路3区ではあっ
という間に下るが、復路8区の上りは人気のエリア。

| 通過予想時間 | 3区 ／ 2日 10：29 | 8区 ／ 3日 10：52 |

藤沢橋交差点

・JR藤沢駅から700mちょっと。藤沢駅は江ノ電の始発駅で
もあり、江の島や鎌倉方面に足を延ばす人も多い。

| 通過予想時間 | 3区 ／ 2日 10：30 | 8区 ／ 3日 10：51 |

湘南海岸

・浜須賀交差点から相模川河口を挟んで平塚中継所までは、
人気の湘南海岸沿いの海岸道路。時間は茅ヶ崎公園通過。

| 通過予想時間 | 3区 ／ 2日 10：56 | 8区 ／ 3日 10：25 |

平塚中継所

| 通過予想時間 | 3区 ／ 2日 11：17 | 8区 ／ 3日 10：04 |

関連項目

●後半の海風の有無が鍵となる3区→No.052
●3区のレース戦略と記録の変遷→No.053
●後半の遊行寺の坂がポイントの8区→No.062
●8区のレース戦略と記録の変遷失→No.063

No.094
コース周辺ガイド④ 4区&7区

平塚中継所から小田原中継所までは、昔の東海道の面影を残す風景。
復路7区では大磯駅前からのラスト1.4kmが往路4区とコースが異なる。

●アクセス／JR東海道線がコースに並走し便利

　平塚中継所を出て1kmでコースは国道1号線に再合流するが、この地点はJR大磯駅の入口。ここから約11kmは、国道1号線を走るコースとJR東海道線は近くを並行して走っている。JR大磯駅やJR二宮駅・JR国府津駅からは、すぐにコース沿道に出ることが可能だ。その後、森戸川河口を境に、JR線と国道1号線は離れてしまう。小田原駅にはJR東海道線だけではなく、新幹線や小田急線も乗り入れていてアクセスの利便性は抜群。駅からは箱根駅伝のコースまでは約1kmあるが、お正月の小田原市街地を堪能しながら、国道1号線を目指して散策する人も多い。また2016年までは往路4区の小田原中継所は小田原市街地に設置されていたが、2017年の第93回大会からは復路と同じ箱根寄りの風祭に移された。すぐ裏が箱根登山鉄道の風祭駅だ。

●昔の面影を残す大磯の松並木や小田原市街地が人気

　箱根駅伝のコースの中でも昔の面影を今に残すのが、大磯駅前交差点から1kmほどの地点から始まる松並木が美しい街道の風景だ。この近辺には明治期から残る古い邸宅が残っており、旧島崎藤村邸が有名。ただし残念ながら1月3日までは休館日だ。二宮駅周辺や国府津駅周辺も、旧街道の風情がところどころに残る道筋が続く。

　4区のコース後半に酒匂川を越えると小田原市街地に入るが、江戸時代の東海道筋が今も国道1号線として使われている。沿道には趣のある街並みが続き、古くからある寺社が街道筋に残っている。この近辺は道幅も広く観戦しやすいエリアだ。また小田原の最大の人気スポットである小田原城址公園も至近にあり、ぜひ寄り道してみたい。小田原中継所が設置される鈴廣は、小田原名物の老舗の蒲鉾屋として有名。蒲鉾博物館も併設する。

コース周辺ガイド④　4区&7区

> アクセス、観光とも抜群の地点。
> 旧街道の趣を感じられる。

平塚中継所

| 通過予想時間 | 3区 ／ 2日 11：17 | 7区 ／ 3日 10：04 |

大磯駅入口交差点
・中継所そば。往路は平塚中継所を出てすぐのフレッシュなランナーを、復路は中継所前のラストスパートを観戦できる。

| 通過予想時間 | 4区 ／ 2日 11：21 | 7区 ／ 3日 9：59 |

大磯の松並木
・大磯駅から国府津駅までの区間は、旧東海道の趣を残す松並木の風景が点在。通過予想時間は国府津駅前のもの。

| 通過予想時間 | 4区 ／ 2日 11：53 | 7区 ／ 3日 9：26 |

小田原市民会館前
・JR小田原駅から徒歩圏内。小田原城址公園前。道幅も広く観戦しやすいエリア。

| 通過予想時間 | 4区 ／ 2日 12：10 | 7区 ／ 3日 9：09 |

小田原中継所

| 通過予想時間 | 4区 ／ 2日 12：19 | 7区 ／ 3日 9：00 |

関連項目

- 2017年から距離が延びた4区→No.054
- 4区のレース戦略と記録の変遷→No.055
- 細かいアップダウンが連続する7区→No.060
- 7区のレース戦略と記録の変遷→No.061

No.095
コース周辺ガイド⑤ 5区＆6区

小田原中継所から芦ノ湖の往路フィニッシュ／復路スタートまでは険しい山岳路が続くが、箱根登山鉄道などアクセスは整っている。

●アクセス／箱根登山鉄道を使って旅気分を楽しむ

　箱根の険しい山道がコースの大半を占める区間だが、観光地として整備されており、アクセスのいい人気の観戦ポイントが何か所もある。箱根の登り口にあたる箱根湯本は、小田急線が乗り入れる観光地。そこからは人気の観光山岳路線である箱根登山鉄道が利用できる。途中の塔ノ沢駅、大平台駅、宮ノ下駅、小涌谷駅からは箱根路のコース至近にアクセスできるため利用する人は多い。ただし最長3両編成で小型の客車のため、時間帯によっては通勤電車並みの混雑も覚悟しておこう。また往路フィニッシュ地点となる芦ノ湖湖畔までなら、小田原駅か箱根湯本駅からバスで直接入る以外に、箱根登山鉄道からケーブルカー・ロープーウェイと乗り継ぎ最後は定期遊覧船で芦ノ湖を渡って箱根関所跡港に入るコースが人気。旅気分を満喫できる。箱根湯本を9時前に出ればお昼前に到着可能で、すべて1日乗り降りできる「箱根フリーパス」などのお得な周遊券もある。

●観戦で冷えた身体を温泉で温める

　日本有数の観光地だけあって、箱根周辺は見どころに困らない。コース沿いの箱根湯本や塔ノ沢、宮ノ下は、箱根七湯に数えられる古くからの温泉街。大きなヘアピンカーブで有名な大平台や、中継でお馴染みの小涌谷の小涌園も温泉を楽しむことができる。箱根駅伝当日は宿泊客も多いが、宿泊でなくとも日帰り入浴可能な共同浴場やお宿もあり、観戦で冷えた身体を温泉で暖めるのは定番の楽しみだ。一方、フィニッシュ＆スタートの芦ノ湖湖畔には、箱根駅伝ミュージアムがあり、ここは駅伝ファンならぜひ足を運びたい。黎明期にはフィニッシュ地点になったことがある、箱根関所跡や箱根神社も訪れてみたい人気の観光スポットだ。

コース周辺ガイド⑤ 5区&6区

箱根登山鉄道で山登り後の観戦がオススメ。温泉もチェック！

小田原中継所

| 通過予想時間 | 4区 / 2日 12：19 | 7区 / 3日 9：00 |

大平台ヘアピンカーブ
・駐車スペースはなく、駅からは遠い。山登りの見どころではあるが、観戦するなら十分な防寒対策を。

| 通過予想時間 | 5区 / 2日 12：42 | 6区 / 3日 8：40 |

箱根登山鉄道宮ノ下駅
・塔ノ沢駅、大平台駅、宮ノ下駅、小涌谷駅からはコース至近にアクセスできる。温泉街の風情がある人気の観戦エリアだ。

| 通過予想時間 | 5区 / 2日 12：48 | 6区 / 3日 8：35 |

小涌園前
・中継でお馴染み。付近の小涌谷踏切は、箱根駅伝の時は選手優先で電車が待つ特別処置がとられる。

| 通過予想時間 | 5区 / 2日 13：00 | 6区 / 3日 8：26 |

箱根芦ノ湖駐車場
・箱根駅伝ミュージアムはファンなら必見。1月3日は朝から開館している。

| 通過予想時間 | 5区 / 2日 13：30 | 6区 / 3日 8：00 |

関連項目

●箱根の厳しい山登りで強さを競う5区→No.056
●5区のレース戦略と記録の変遷→No.057
●山下りのスペシャリストが駆け下る6区→No.058
●6区のレース戦略と記録の変遷→No.059

No.096
ジモティファンの現地観戦スタイル

選手の息遣いさえ感じられる現地観戦を、毎年楽しみにしているジモティファンは多い。そんな彼らのスタイルにはお約束がある。

●毎年同じ場所で応援するジモティファン

　箱根駅伝のコース沿線に住んでいる地元ファンの中には、毎年早い時間から地元の観戦ポイントに陣取って選手に声援を送る人々が多い。それぞれにお気に入りの観戦ポイントがあり、この日が来るのを毎年楽しみにしているのだ。その代表格が、フリーアナウンサーの徳光和夫氏。毎年1月3日の復路8区、自宅に近い国道134号線沿いの茅ヶ崎付近で、選手一人ひとりに名指しの声援を送る姿は、もう名物の一つ。ちなみにそれぞれの選手に向けての声援のコメントを、3日朝の最終エントリーリストを確認してから考えるというのは有名な話だ。

　また近年話題になっているのが、復路7区で二宮駅付近のテレビ中継ポイントにいるコスプレ集団。数人がドラゴンボールのフリーザの恰好で現れる。最近は別のコスプレ姿もチラホラ見るようになったのはいかにも今風だ。

●防寒対策やレース実況の確認はお約束

　そんなジモティの観戦スタイルには、いくつかのお約束がある。まず公共物によじ登ったりしての応援は、ジモティなら絶対しない。こういったマナー違反は、走路員からの注意が入ることを彼らは良く知っているからだ。もちろん、選手と並走するなどの行為ももっての外だ。

　それと大切なのは防寒対策。いい観戦ポイントに陣取るには、数時間前から場所取りをすることもある。天候にもよるが、暖かな衣類はもちろんのこと、魔法瓶に入れた暖かい飲み物やカイロ持参など抜かりはない。また観戦者の必携の友が、小型ラジオ。ラジオの実況放送を聞きながら、レース状況を把握して選手の到着を待つ。近年ではテレビ機能を備えたスマートフォンやタブレットも普及し、中継を見ながら待つ人も増えてきた。

現地観戦スタイル

ジモティファンの特徴

- 早い時間からお気に入りの観戦ポイントに陣取る。
- 防寒対策はばっちり。ラジオなどで実況を聞きながら待つ。
- マナー違反は厳禁。

毎年復路8区の茅ヶ崎付近で、選手一人ひとりに独自の声援を送る、名物・徳さん。

関連項目

●交通規制と警備体制→No.078　　●現地応援派？　それとも炬燵派？→No.089

No.097
現地観戦でコースに現れる隊列は？

1区間21人の選手が走る箱根駅伝だが、レースを円滑に運営し選手をサポートする多くの車両が隊列を組んで正月の箱根路を進んでいく。

●主役の選手以外に、多くの車両が箱根駅伝の隊列を組む

　駅の至近や中継所などの人気スポットを除けば、コース沿道に観戦する人々が現れだすのは、レースの隊列がやってくる予想時間の1時間ほど前からだ。観戦エリアの先頭ランナー通過予想時間のチェックは必須だが、できれば交通規制が開始される前には、観戦場所についているように心がけたい。ジモティファンの多くは、各所で配布される「読売新聞」と「報知新聞」のオフィシャルな応援小旗（それ以外の小旗配布は原則禁止されている）をもらい、比較的空いている見やすい場所を歩いて目指す。そしていよいよ箱根駅伝がやってくる。

　駅伝の隊列がやってくる前触れとして、まずコース確認のパトカーや白バイが何度か通過する。交通規制が始まるまでは急ぐ一般車で一時混雑するが、交通規制開始を告げる車両が過ぎると、一般車の往来はなくなる。ただし反対車線は交通規制がかからないので注意しよう。

　そしてついに、先導するパトカーが姿を現す。次いで、バスを改造したテレビ中継車、それに報道カメラマンを載せた取材車（小型トラック）がやってくる。その後ろにようやくテレビ中継でお馴染みの、2台の先導白バイの姿が見える。その直後を走るのは、もちろん先頭走者、そしてチーム監督と審判員を載せた運営管理車と、大会本部車が続く。白バイは先導の2台だけではなく、2位以下のランナーにも集団ごとにそれぞれつく。走者が集団でいるときは、その後ろに運営管理車の集団が続くことになる。テレビ中継車は他に1台。さらにテレビ中継オートバイが4台、ラジオ中継車1台、報道車が3台。また不測の事態に備える緊急対応車2台と医務車が必要な場所に配置される（通常は後方にいる）。そして少し開けて交通規制解除を知らせる車両がやってきて、隊列は終わる。

登場の順番

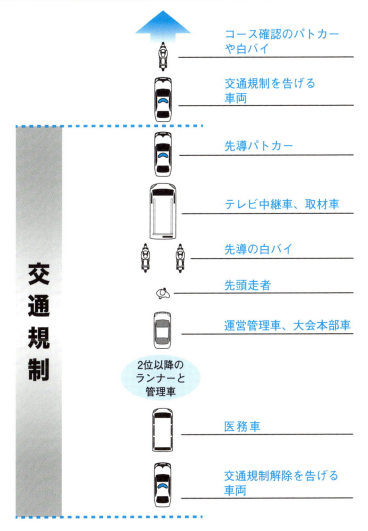

関連項目
- 時代とともに移り変わった伴走車の歴史→No.074
- 交通規制と警備体制→No.078
- 駅伝の名物、先導する白バイの雄姿→No.079
- 箱根駅伝を全国区にしたラジオ実況中継→No.081
- 箱根駅伝の人気を決定づけたテレビ中継→No.083

No.098
沿道の応援イベントを楽しむ

観戦の楽しみは、応援だけじゃない。振舞いグルメを味わい応援の太鼓に耳を傾けるだけでなく、オフィシャルグッズも人気だ。

●伝統芸能を楽しみ人気グルメに舌鼓

　お正月の定番行事として定着し多くの観戦者が詰めかける箱根駅伝では、各所で観戦者を対象とした地元主催の応援イベントが開かれる。例えばコースの国道15号線沿いに総合体育館がある大田区では、毎年1月2日の朝からランナーを応援する和太鼓や獅子舞の演武が行われ、観戦に訪れる人々に人気を博している。また小田原中継所のある「鈴廣かまぼこの里」でも1月2日に北条太鼓の演奏が行われ、お神酒や紅白の蒲鉾を振る舞うイベントが人気だ。2017年からは往路の中継所の移動で、往路でもここが12年ぶりに小田原中継所に復帰するため、さらなる混雑が予想される。

　振舞いグルメとして有名なのが、箱根・宮ノ下温泉の富士屋ホテル駐車場で1月2日に毎年配られる、温泉シチューパン。これを目当てに朝早くから多くの人々が並ぶほどの人気ぶりだ。この他、各地でお汁粉や甘酒などの振舞いが行われている。寒い中観戦する人々に喜ばれるイベントだ。

●毎年のオフィシャルグッズはコレクターアイテム

　読売新聞と報知新聞のオフィシャルな応援小旗は、各地の販売店や中継所周辺などで配られる。観戦後はそのまま捨てず、できるだけ自宅に持ち帰って記念にしよう。また各中継所(鶴見中継所を除く)にはオフィシャルグッズの販売所も設けられる。ただし大手町は1月3日のみ、芦ノ湖では1月2日のみ設置されるので注意。グッズで人気なのが各大学別のタオルマフラーで、人気チームから売り切れてしまう。一部のオフィシャルグッズは通販でも入手可能だ。また車両協力を行っているTOYOTAでは、沿道にある系列店で記念グッズの配布を行っている。これもあっという間になくなってしまう隠れたコレクターアイテムで、入手できればラッキーだ。

地元の応援イベントを楽しむ

大田区総合体育館

ランナーを応援する和太鼓や獅子舞の演武が行われる。

富士屋ホテル駐車場

1月2日に配られる、温泉シチューパンが人気。

鈴廣かまぼこの里

北条太鼓の演奏が行われ、お神酒や紅白の蒲鉾を振る舞うイベントが人気。

その他人気グッズなどもチェック！

- 各中継所（鶴見中継所以外）で販売されるオフィシャルグッズ
- 沿道にある TOYOTA 系列店の記念グッズ

関連項目

●箱根駅伝を支える新聞社→No.080

No.099
もし母校が出場しているなら…?

母校が箱根駅伝に出場しているなら、選手の後押しに沿道に駆けつけて応援したいもの。応援団が陣取る場所をチェックしておこう。

●大手町と芦ノ湖湖畔で繰り広げられる名物の応援合戦

箱根駅伝の名物ともいえる各大学の応援団による応援パフォーマンスは、スタート／フィニッシュ地点となる大手町と芦ノ湖湖畔で行われる。以前は場所に規制がなかった時代もあるが、現在は交通状況への配慮からこの2か所周辺に限られている。大学ごとに陣取る場所が定められており（公式プログラムに場所が記載されている）、その場以外での大規模な応援は禁止されているのだ。応援を行うのは選手通過の1時間前からで、往路スタートの大手町では各校が応援合戦を競い合う。各校それぞれに伝統の応援スタイルがあるが、中でも日本体育大学の「エッサッサ」や東京農業大学の「大根踊り」は人気が高くギャラリーも多い。ちなみに、スタートで応援を終えた応援団たちは、急いでフィニッシュ地点に向けて公共交通機関などを使って一斉に移動する。

●各大学関係者が集結する沿道の応援ポイント

大手町と芦ノ湖湖畔以外では、各大学のOBや父母会などの関係者が場所を決めて集結し、大学名の入ったのぼりなどを掲示して応援している。中継所の前後100mを除いては比較的自由で、多くの大学がホームページなどで応援場所を告知している。ぜひ情報をチェックして母校の応援に加わりたいもの。ただし無制限の応援が許されているわけではなく、公共物である電柱やガードレールに応援グッズを縛りつけることは道路交通法違反になるのでNG、中央分離帯や通行人の妨げになるような場所での応援も当然ながらNG。コースを並走しながらの応援も論外だ。また、大学の名前入りの小旗などの応援グッズを一般観衆に配布することも禁止されている。マナーと節度を守って母校の選手に精いっぱいの声援を届けよう。

応援合戦の見どころ

各校の応援合戦も見どころ

日本体育大学「エッサッサ」
白い短パンだけの姿で裸足、脚を踏ん張り腕を振り「エッサッサ」という雄叫びをあげる。

東京農業大学「大根踊り」
応援歌の「青山ほとり」に合わせ、両手に大根を持って踊る。

沿道応援の禁止事項

- スタート/フィニッシュと中継所の前後100m以内での旗などの掲出。
- のぼりなどを電柱やガードレール・フェンスなどの公共物に括ることは道交法違反。
- 中央分離帯や通行の妨げになる場所での応援。
- 競技者通過の1時間前以前の応援。
- 大学名入りの小旗やパンフレット、大学新聞などの一般観衆に対する配布。

関連項目

●頻繁に変わったスタート／フィニッシュ地点→No.068　　●交通規制と警備体制→No.078

No.100
箱根の宿は1年前に埋まる?

箱根駅伝の贅沢な観戦方法は、やはり箱根路の沿道近くのお宿に泊まり、往路と復路を堪能すること。しかしお宿の予約は可能なの?

●沿道から少し離れたお宿を狙え!

　せっかくの箱根駅伝、できれば箱根のお宿に泊まってゆっくりと観戦したいと誰もが思うだろう。1月2日、往路5区を応援して、周辺を観光した後チェックイン。翌日は朝早い復路6区で駆け下るランナーを見送った後、お宿に戻って冷えた身体を温泉で温めてからチェックアウト。そんな旅を駅伝ファンなら夢見てしまう。が、ただでさえお正月のハイシーズン。箱根駅伝人気はすさまじく、箱根のお宿の予約はかなり前から埋まってしまう。箱根路の駅伝コース沿道にある、箱根湯本、塔ノ沢、大平台、宮ノ下、小涌谷、芦之湯、それに元箱根や芦ノ湖周辺のお宿では、常連さんが宿泊観戦したときに翌年の予約をするケースが多い。特に沿道に建っている老舗のお宿は、ほとんど新規予約は難しい。沿道から少し引っ込んだ宿でも、だいぶ前から予約しないとなかなか取れないのが実情だ。

　しかし、同じ箱根でも駅伝ルートから離れたエリアなら、意外に空きがある場合も少なくない。箱根エリアのお宿の多くは、旅行予約サイトなどと提携していることが多く空き状況を確認できるが、3カ月前くらいまでなら探してみる価値はある。さらにキャンセル空きが生じる1週間前から3日前には、突如予約が復活することもあるので、要チェックだ。

　また、遠方から箱根に観戦に行きたいけど、今からお宿が見つからないという人には、小田急線沿線のお宿をチェックすることをお勧めする。小田急線で箱根湯本まで直に入れるので、例えば1月2日の朝に宿で1区スタートを見てから電車に乗っても、十分に箱根路での観戦に間に合う時間に箱根湯本に入ることができる。小田急電鉄では、箱根登山鉄道や箱根登山バス(指定区間内)、ケーブルカーやロープウェイなど、8つの乗り物が乗り放題の箱根フリーパスを販売しているので、利用すると便利だ。

箱根の狙い目エリア

No.100 第5章●箱根駅伝観戦ガイド

こんな観戦が理想だけど…
沿道の宿の新規予約は困難！

宿泊が必要なら！

➡ 駅伝ルートから離れたエリアをチェック。小田急線沿線に宿を取って電車で移動するなど。

➡ **移動には箱根フリーパスが便利！**
※2016年11月現在

➡ 間近のキャンセル空きを狙う。1週間前〜3日前までキャンセル空きをチェック。

No.101
箱根駅伝ハシゴ観戦は可能か？

せっかく観戦に出かけるならすべての区間で見てみたい。そこで往路での公共交通機関だけを使ったハシゴ観戦プランをシミュレート。

●1区～5区まですべてのハシゴ観戦は、まさに綱渡りプラン

　公共交通機関を使って移動するため、観戦場所は鉄道駅の至近に限られる。沿道は混みあうが、そこは覚悟のうえ。まず1区は、やはり大手町でスタートを観たい。となると最初の移動はJR東京駅から。駅までの距離は500mぐらいで混雑を考慮して8時30分過ぎに乗車予定。他に大手町から地下鉄と京急を乗り継いで横浜に向かう手もある。もし大手町スタートにこだわらないなら、複数の移動経路を選べる新橋駅付近での観戦もお薦めだ。

　2区の観戦ポイントは、複数チョイスできる。横浜駅が交通の便はいいが、沿道の混雑も相当。そこで手前のJR東神奈川駅か、一つ先のJR保土ヶ谷駅の方が周辺での移動が楽だ。特に保土ヶ谷駅は東京駅や新橋駅から横須賀線1本で行ける利点もある。このエリアは9時30～9時40分に選手たちが通過するが、次に行くには9時50分過ぎの電車に乗らねばならない。

　3区では、鉄道を使うとなるとJR藤沢駅付近の一択になってしまう。実は2区の観戦ポイントをJR駅付近に限定したのも、ここの移動の便を考えてのこと。JR藤沢駅到着が10時18分で、駅から至近のコース沿道まで700m。選手通過予測は10時30分過ぎだから、ちょっと急いで向かおう。

　さて、問題は4区。JR駅至近となると、大磯駅、二宮駅、国府津駅が候補にあがるが、実は大磯駅一択だ。二宮駅と国府津駅で観戦すると、5区の箱根湯本駅に到着するのは、最短で12時34分。先頭ランナーの箱根湯本通過予測が12時30分前後なので、ギリギリ間に合わない。しかし大磯駅で先頭グループを見て、11時34分の熱海行に乗れれば、小田原乗り換えで12時18分に5区・箱根湯本駅につくことができる。なんとか観戦ハシゴの全区完走は可能だが、それぞれのポイントでの滞在時間はわずか。少しでもトラブルがあればプランは崩壊するという綱渡りなのだ。

ハシゴ観戦のスケジュール

08:00〜 読売新聞社前でスタートを見る。

東京駅を8時30分過ぎに出発。
JR保土ヶ谷駅に移動。

09:30〜 保土ヶ谷駅周辺で2区の通過を応援。

9時50分過ぎには保土ヶ谷駅から移動。
JR藤沢駅へ。

10:30〜 藤沢駅から500m移動して藤沢橋交差点へ。3区の通過を応援。

藤沢駅から10時55分発のJR東海道本線・熱海行きに乗車して移動。JR大磯駅へ。

11:20〜 大磯駅入口交差点で4区の通過を応援。

11時34分のJR東海道本線に乗り、国府津駅で快速に乗り換え、小田原駅で箱根登山鉄道に乗り換え。箱根湯本駅へ。

12:30〜 箱根湯本駅12時18分着。
沿道で5区の通過を応援。

※時間は2016年11月現在調べ。

往路全区間のハシゴ応援は可能だが、綱渡りになりかなり忙しい。
2〜3か所のハシゴが現実的。

索引

あ

赤塚勝次	137
秋山清仁	20、128
秋山勉	32
芦ノ湖	122
芦ノ湖駐車場入口	122、126
芦之湯	126
麻生武治	141
石川末廣	36
石倉義隆	42
出雲駅伝	50
出雲全日本大学選抜駅伝競走	50
イセナ	→ケネディ・イセナ
市田孝	34
市田宏	34
伊藤文夫	33
伊藤雅弘	33
井上俊	109
今井正人	18、59、124
医務車	166
岩下察男	72、120
岩田豪	24
岩渕仁	22
上田健太	32
上田誠仁	32、42、154
Webサイト	194
宇佐美彰朗	36
内田庄作	121
運営管理車	160
駅伝	44
駅伝競走	44
駅伝制	44
駅馬	44
駅家	44
駅路	44
遠藤司	144
応援合戦	212
往路優勝	56
大磯駅	131
大磯中	119
大磯踏切	152
大浦留市	68、125
大久保初男	18、42、74、124
大隈広基	140
大崎悟史	36
大迫傑	16、36、90
大塚正美	112
大津顕杜	59、137、145
大手町読売新聞社	107、143
大花務	120
大平台	123、127
大八木弘明	42、156
尾方剛	36
岡野章	74、155
奥田実	137
奥貫博	20、128
小椋裕介	133
押切坂	130
押切橋	119
小田原城址公園	202
小田原中継所	118、123、127、130
オツオリ	→ジョセフ・オツオリ
小野田勇次	129
小野裕幸	28
親子鷹	32
オリンピック	36、46
温泉シチューパン	210
オンディバ・コスマス	38、117

か

替え玉	40
柏原竜二	18、59、86、90、124、156
風	150
加藤正之助	136
金栗四三杯	58
金山雅之	33
鐘ヶ江幸治	42、58、92
金子宣隆	20
金田五郎	42、74
兼頼邦久	33
兼頼米太郎	33

蒲鉾博物館	202
神野大地	18、59、124
川内優輝	36、92、188
川島義明	36
金栗四三	46
監察車	160
完全新記録優勝	88
完全優勝1	88
完全優勝2	88
完全優勝3	88
関東インカレ	164
関東学生陸上競技対校選手権大会	164
関東学生陸上競技連盟	164
関東学生連合チーム	92
関東学連選抜チーム	92
監督車	160
函嶺洞門	123
気温	150
キダウ・ダニエル	14
北島寿典	36
キトニー	→ダニエル・キトニー
木村文祐	32
木村祐三	32
逆転の順大	22
旧島崎藤村邸	202
給水	162
強豪校	86
区間エントリー	184
区間記録	58
区間賞	58
区間新記録	58
櫛部静二	154
工藤有生	121
国立駅	198
久保田和真	59、109
窪田忍	141
繰り上げスタート	60
グリコ	46
京急蒲田第一踏切	152
ケネディ・イセナ	38
公式プログラム	194
交通規制	168、208
河野一郎	34、68
河野謙三	34、68
河野太郎	34
河野洋平	34
コース変遷	102
国道1号線最高地点	122
コスマス	→オンディバ・コスマス
ごぼう抜き	14
小松啓二	32
小松紀裕	32
小涌園	126
小涌谷踏切	122、152
権太坂	110、138

さ

サイドカー	160
酒井俊幸	156
酒匂橋	118、130
佐々木悟	36
定方次男	32
定方俊樹	32
佐藤敦之	36
佐藤光信	117
佐藤悠基	16、36、59、94、109、117、132
佐原節男	32
佐原東三郎	32
猿渡武嗣	72
澤木啓祐	74、154
シード権	64
シード校制度	64
ジープ	160
塩川雄也	86、141
塩尻和也	36
設楽啓太	34
設楽悠太	34、36、117、132
しながわ水族館	196
篠藤淳	59、140
島田輝男	33
島田善輝	33
下田裕太	137
地元ボランティア	166
下村広次	113
出場回数	84
出場資格	52、54
出身高校	186
主務	158

精進池	122
湘南大橋	114、134
ジョセフ・オツオリ	38
白バイ	170
シンボルカラー	96
新八ツ山橋	107
鈴木圀昭	116
鈴木房重	42、124
ステファン・マヤカ	12、38、112
瀬古利彦	36、74、154
瀬戸功夫	144
泉岳寺	196
全日本実業団対抗駅伝大会	50
全日本大学駅伝	50
総合タイム	30
総合優勝	56

た

増上寺	196
走路員	166
大後栄治	158
大ブレーキ	26
タイム計算	62
高岡弘	145
髙久龍	137
高嶋康司	28
田口雅也	121
武井隆次	132
竹内修一郎	112、132
竹澤健介	117
タスキ	98
田中久夫	33
田中宏樹	86
ダニエル	→キダウ・ダニエル
ダニエル・キトニー	38、125
谷川英明	32
谷川嘉朗	32
谷口浩美	20、36、128
谷敷正雄	42
田村和希	120
チームエントリー	54、184
近道	40
秩父宮賜杯全日本大学駅伝対校選手権大会	50
全日本大学駅伝対校選手権大会	50

千葉健太	20、128
中継所	148
帖佐寛章	154
鶴見中継所	106、111、139、142
手島弘信	100
デッドヒート	24
寺田夏生	24
テレビ	176
テレビ実況中継	176
テレビ放送	74
伝統校	82
伝馬	44
伝馬制	44
東海道五十三次関東関西対抗駅伝徒歩競争	44
東京青梅間大学専門学校鍛錬縦走大会	70
東京タワー	196
東京箱根間往復大学駅伝競走	8、50
得能末吉	133
徳光和夫	206
途中棄権	26、94
戸塚大踏切	152
戸塚跨線橋	110
戸塚中継所	110、115、138

な

中川拓郎	15
中沢晃	20、128
中島賢士	22
中谷圭佑	121
永野常平	90、100
中村清	154、174
中村祐二	28、109
中本健太郎	36
七大校対抗駅伝競走	68
奈良修	42
難波博夫	116
西内文夫	155
西田勝雄	42、124
西村知修	121
二宮駅	131
日本学生陸上競技連合	164
日本テレビ	176
ニューイヤー駅伝	50
年齢制限規約	54

野中三徳	132
野村俊介	20

は

箱根駅伝	8
箱根駅伝ミュージアム	204
箱根フリーパス	204、214
箱根湯本	127
ハシゴ観戦	216
服部翔大	59
服部弾馬	34
服部誠	112
服部勇馬	34
花田勝彦	154
花の2区	10
馬場先門	143
浜須賀交差点	115、135
浜野健	28
原宿交差点	135
原晋	156
伴奏車	160
菱沼海岸	114、134
ビズネ・トゥーラ	39
日比谷公園音楽堂	146
平井文夫	90
平塚中継所	114、119、131、134
昼田哲士	174
復路優勝	56
藤川拓也	141
藤沢橋	200
藤田敦史	120
藤原新	36
不動坂交差点	138
踏切	152
古田哲弘	136
振舞いグルメ	210
報知新聞社	146、172
補助員	166
ボランティア	166

ま

前田喜平太	40
牧田源一	33
牧田与一	33
町野英二	33
町野英也	33
松瀬元太	144
松波慎介	137
松村和樹	34
松村優樹	34
マネージャー	158
マヤカ	→ステファン・マヤカ
三浦雅裕	129
村澤明伸	15、59
村山謙太	34
村山紘太	34、36
メクボ・ジョブ・モグス	14、38、112
メディカル・ボランティア	166
茂木善作	22、68、145
モグス	→メクボ・ジョブ・モグス

や

八島健三	18、22、42、68
靖国神社大鳥居前	146
靖国神社・箱根神社往復関東学徒鍛錬縦走大会	70
安部喜代志	108
矢野圭吾	141
山内二郎	109
山口六郎次	129
山下馬之介	109
山田紘之	145
山中秀仁	109
山の神	18、78
山の大東	42、74
山本憲二	22、145
山本亮	36
雪	150
遊行寺	115、135、200
ユニフォーム	96
横浜駅	111、139、198
横溝三郎	72
横山和五郎	141
吉岡敏晴	117
吉川徹	33
吉川了	33
吉田正雄	40
予選会	66、72
読売新聞社	146、172

四大校対抗駅伝競走……………………………48

ら・わ

ラジオ	174
留学生	38
連続出場記録	84
六郷橋	106、142
渡辺和己	72
渡辺康幸	12、109、112、154

参考文献

『写真で見る箱根駅伝80年』(講談社MOOK)　月間陸上競技 編　陸上競技社／講談社
『日刊スポーツで振り返る平成箱根駅伝B級ニュース事件簿』　久保田龍雄 執筆　日刊スポーツ出版社
『箱根駅伝2016完全ガイド』(陸上競技マガジン増刊)　ベースボール・マガジン社
『箱根駅伝60年　母校の栄誉に青春を賭けて』　山本邦夫 著　講談社
『箱根駅伝95年』　別冊宝島編集部 編　宝島社
『箱根駅伝監督　人とチームを育てる、勝利のマネジメント術』　酒井政人 著　カンゼン
『箱根駅伝コトバ学』　生島淳 著　ベースボール・マガジン社
『箱根駅伝　青春群像』　佐藤三武朗 著　講談社
『箱根駅伝に賭けた夢　「消えたオリンピック走者」金栗四三がおこした奇跡』　佐山和夫 著　講談社
『箱根駅伝　不可能に挑んだ男たち』　原島由美子 著　ヴィレッジブックス
『観る歩く応援する箱根駅伝まるごとガイド』　昭文社
『箱根駅伝　名場面100選』(B.B.MOOK)　ベースボール・マガジン社
『箱根駅伝歴史シリーズ』第1〜3巻(B.B.MOOK)　ベースボール・マガジン社
『箱根駅伝を歩く』　泉麻人 著　平凡社
『魔法をかける　アオガク「箱根駅伝」制覇までの4000日』　原晋 著　講談社
『もう一つの箱根駅伝　僕がごみ拾い駅伝を始めて、そして続ける理由』　市川真也 著　無双舎

『箱根駅伝　公式プログラム』　関東学生陸上競技連盟
『月間 陸上競技』　陸上競技社／講談社
『陸上競技マガジン』　ベースボール・マガジン社

図解 箱根駅伝
2016年12月5日　初版発行

著者	野神明人（のがみ　あきと）
本文イラスト	福地貴子
図解構成	福地貴子
編集	株式会社新紀元社 編集部
	川口妙子
DTP	株式会社明昌堂
発行者	宮田一登志
発行所	株式会社新紀元社
	〒101-0054　東京都千代田区神田錦町1-7
	錦町一丁目ビル2F
	TEL：03-3219-0921
	FAX：03-3219-0922
	http://www.shinkigensha.co.jp/
	郵便振替　00110-4-27618
印刷・製本	中央精版印刷株式会社

ISBN978-4-7753-1434-0
定価はカバーに表示してあります。
Printed in Japan